3.11 生と死のはざまで

東日本大震災

金田諦應 かねた・たいおう

春秋社

東日本大震災——3・11生と死のはざまで

目次

第Ⅰ章　崩壊の中で　*3*

第Ⅲ章　再　生　161

カフェデモンク活動地図

東日本大震災——3・11 生と死のはざまで

第Ⅰ章　崩壊の中で

震災前

その時の本堂内には、なんとも言えない淀んだ空気が溢れていた。

一カ月前に突然行方がわからなくなり、警察をはじめ、家族・友人が必死に探していた四十代の男性が車の中で発見された。一酸化炭素中毒。自死だった。聡明で責任感が強く、将来この街を支えていくことを期待された好青年だった。年老いた父母、妻、中学生二人、小学生一人の子供たちが残された。

右手には遺族と親族、左手は友人や関係者が座り、そして本尊に背を向け、遺骨と遺影を前に、心が前に向かない自分がいた。周囲から注がれる焦点の定まらない視線を感じていた。遺書は残されていない。それぞれがそれぞれの立場で、その理由を探しているのを感じていた。

古くからの檀家の主人より電話が入る。東京でコンピュータ関連の会社に就職し、プログラムの制作をしていた次男が亡くなったとの知らせである。自死である。一人暮らしの自室で発見された。その二年後には父親が自死で亡くなる。

駒澤大学での学び、永平寺での修行を終え寺に戻り、父より住職を受け継いでから八年ほどになる。その間、自死者の葬儀はほとんどなかったが、二〇一七年、一八年と自死された方の葬儀が続く。

栗原市《くりはらし》は平成の合併で一〇町一村が一つになった。人口は約八万人。産業は農業を中心として、誘致された工場で成り立っていた。その栗原市は異常な状態になっていた。平成一七（二〇〇五）年の自殺率が全国一位になってしまったのだ。

この状況に向き合うために「栗原命と心を考える市民の会」を立ち上げ、仲間を募る。僧侶のほかに福祉・医療・行政関係の有志が賛同した。

第一回目の学習会には自殺防止ネットワークを主宰している千葉県成田市の長寿院《ちょうじゅいん》住職篠原《しのはら》鋭一《えいいち》師を招く。二五名ほどが集まり、想いを共有する。早速、自殺防止ネットワークの電話相談部門に入会し、今でも続けている携帯電話を使っての二四時間対応の電話相談活動が始まった。

自死の問題は、栗原市だけでなく仙台市、そして全国でも深刻だった。仙台でグリーフケアを研究している団体と協働し宗教者向けシンポジウムを開催する。自死問題はすでに個人の事情を超え、日本社会のシステム全体の問題になっていた。自殺対策基本法が制定され、官民挙げての取り組みになった。

一九八八年以降、それまで右肩上がりであった日本の経済が緩い曲線を描きながら下降線を向き始めた時期と軌を一にして、自死者が増加する。高度成長期に犠牲にしてきた家族・親族の絆、共同体や文化・価値観はそう簡単には戻らない。宙ぶらりんになり行き場のなくなった人々が人知れず、そして想いを伝えることなく消えていく。

葬儀には本来、亡き人の物語と生きている人の物語をつなぐ役目がある。自死者の葬儀の場合、生者と死者は断絶し、物語をつなげることが難しい。葬儀の場は閉塞感と浮遊感、犯人探しと、自責の念が交錯する。

本来、地域社会では共に生き、そして死を共有する。「共生・共死」である。死者の想いを受け継ぐ場所を共有する、それこそが共同体の原点・基礎であると思う。自死者が残していった想いは、黒い霧となって私たちの視界を遮り始める。

自死大国日本。東日本大震災以前、日本は一〇年間連続で自死者が三万人を越える社会だった。一〇年で地方の小都市一つが消滅したことになる。宗教者として、孤立社会・無縁社会にどう向き合うか。自死遺族にどう寄り添うか。システムが制御不能に陥ってしまったこの社会を前に、私たちの苦悶が始まる。

二〇一〇年一〇月一二日。晩秋の青く澄みわたった日の午後、私と志を同じくする僧侶七名は、国道4号線を托鉢姿で歩いていた。手には命の象徴としてランタンを持ち、仲間の持つ幟には「いのち」「こころ」の文字。経文は唱えない。黙々と、ただ黙々と歩く。この沈黙の行脚には自死者の魂への追悼と、それを生み出した社会への警笛の意味を込める。

栗原市金成《かんなり》支所から高清水《たかしみず》支所を目指して、およそ二〇キロの道のりであった。国道を走る車、道ですれ違った人々は、この異様な行列に目を落とし、振り返りながら過ぎて行った。

一回の行脚につき二〇キロ。四回ほどで栗原市を一周することができる計算だ。「いのちところの行脚」は、二〇一一年三月二七日、二回目を行う予定だった。しかしそれは叶わなかった。

岡部健先生との出会い

二〇一〇年一一月某日、仙台で開催した自死防止シンポジウムで名刺交換をした川上直哉《かわかみなおや》牧師から電話が入る。彼は立教大学大学院で組織神学を学び、仙台の教会に赴任していた。

在宅緩和ケアをおこなう岡部健《おかべたけし》医師が主催する「タナトロジー研究会」で「看取りの神学」と題して発表するから、ぜひ来てほしいとのことだった。この研究会は人間の生と死を学際的に研究する場で、医師・看護師・福祉関係・哲学者・宗教者など、多くの分野の方々が参加していた。以前からこの研究会のことは知っていたし、それに加えてちょうどその頃、四年間勤めた曹洞宗宮城県宗務所を退職しており、時間的にも余裕があったので、その誘いに応じることにした。

組織神学の牧師らしく、とても煩瑣な言い回しで看取りを神学から解釈した。彼の発表の後は、正直誰もそれに対して質問ができなかった。せっかくの誘いでもあり、おそるおそる手を挙げた、

「とても深遠な真理と理論を拝聴しましたが、正直よく分かりません。だけど、これは死にゆく人の枕辺では語れませんよね」。

僧侶と牧師の論争が始まるのか、と周囲は息を呑んだようだが、ここから場が動き出し、いい議論に展開していった。終了後、一人の老け顔の男性が私の方へ近づき、耳元で呟くように語った。「牧師と坊さん……面白いな……実に面白い」、そう言って微笑んだ。そしてこの人こそ、この会の主催者岡部健医師その人であった。

その時の私は、岡部医師がガンの宣告を受け余命一年であることも、後に背負いきれないほどの遺言を受け取ることも、予想だにしていなかった。

塩の道――命のつながり

二〇一一年三月一日、私は南三陸町志津川戸倉《みなみさんりくちょうしづがわとぐら》の崖の上に立つホテルに宿泊していた。毎年恒例の通大寺護持会研修旅行のためだ。眼下に穏やかに広がる内海に、ホタテの養殖棚が点々と連なっている。間もなく姿を消そうとしている夕日は、キラキラと波に反射していた。そして思わずシャッターを押した。

私が住む栗原と、ここ南三陸町は、太古より塩の道でつながっている。ほぼ現在の国道398号線にあたる。石巻市大街道を起点に、雄勝町《おがつちょう》、南三陸町志津川、登米《とめ》市、栗原市を通り、奥羽山脈を越え、秋田県湯沢市《ゆざわし》、羽後町《うごまち》、そして由利本荘市《ゆりほんじょうし》まで、太平洋と日本海をつなぎ、海のもの、山のもの、そして文化はこの道を行き交い、人々は互いに支え合っていた。豊饒な海、私たちの命を支えている海、そして誰もが穏やかな春が来ることを信じて疑わなかった。

予兆

三月九日。突き上げられるような揺れに襲われる。震度五弱の地震が発生。二年ほど前に栗原市栗駒山を震源とした岩手宮城内陸地震のことが脳裏に浮かんだ。三陸海岸に津波警報が発令。しかし、五〇センチ程度の津波で終わる。ここ数年、緩い地震がたびたび起こっていた。そのたびに津波警報が発令されるが、結果的に大きな津波は来なかった。肩透かしをくらったような感覚、そして安堵感が蔓延していた。この肩透かしが翌々日、大津波の避難行動に少なからず影響したと思う。

震災前よりお付き合いのある奈良県在住の尼僧でシンガーソングライターのやなせ ななさんから、安否確認のメールが届く。「大丈夫。地下のなまずさんがくしゃみをした程度だから……」と、冗談交じりに返信する。

彼女とは震災から二カ月後、車にPAセットを積み込み、南三陸町被災者のために栗原市に設けられた二次避難所や、石巻市のお寺、山元町《やまもとちょう》、亘理町《わたりちょう》の避難所を巡ることになる。

三月一〇日午後、私は石巻市駅前の、とある会館にいた。宮城県内曹洞宗僧侶で組織された「仏の教えを聞く会」の司会を担当するためだ。

五〇名ほどの聴衆に、いつものように軽いジョークを交えて語りかけた。

「みなさん、雪が融けたら、なんになりますか」

「水～」

「違います。雪が融けたら、春になります」

「春になったら、なにをしますか？」

「種まき～」

「いやいや、春になったら、皆さん！　恋をしましょう」

笑いが起こり、そして会場は緊張がほぐれ、そして和んだ。翌日にあの大津波が襲ってくることなど、誰一人予想だにしなかった、春に向かう和やかなひと時だった。

仲間の僧侶は、その後の懇親会のために石巻に一泊。私は翌日の用件で石巻を後にする。

そしてその時

三月一一日。その日も穏やかな日だった。遅い昼食をとり、部屋で寛ぐ。ギターに新しい弦を張り、音を鳴らす。私が一番、ホッとできるひと時だ。

二時四六分、大地を突き破るような突然の揺れが始まる。この地方は地震が多い。三年前には、震度六強の岩手宮城内陸地震を経験している。しかし、違う、明らかに違う。いつもなら、せいぜい揺れは一分ほどで収まるはずだ。しかし、この日の揺れは一分を過ぎても収まらない。強弱にうねりながら三分ほど続く。地球全体が揺れているのを感じる。

本棚からは書類が落ち、やがて本棚が倒れる。歩くのも困難な強い揺れ。携帯電話からは不気味な警報音。テレビからは大地震と津波発生を伝える甲高い声。

「大津波警報発令！」「大津波警報発令！」、そして間もなく停電でテレビが消える。

太平洋沿岸に高さ六メートルの津波が来る。リアス式海岸ではその高さは二倍から三倍になる。海岸線を熟知している私は、「多くの人々が死ぬ」、そう直感した。私の脳裏には津波に呑み込まれ、海岸にうち寄せられた多くの遺体の姿がはっきりと浮かんでいたのだ。

古いラジオをやっと探し出し、電池を入れる。雑音交じりに海岸に数百体の遺体が打ち寄せられているとのこと。直感が現実のものになった。体が小刻みに震えだす。

この揺れなら、もう本堂はだめだろう、そう覚悟しながら点検に行く。主だった土壁は剥がれ落ち、堂内を荘厳していた飾りものは、まだ大きく揺れていた。幸い本堂や自宅は崩壊をまぬがれた。家にいる父母の無事を確認する。やがて近くの寺に会議で出かけていた妻が興奮しながら帰ってきた。携帯電話はすでにつながらない。仙台や東京で暮らす子供たち、海岸近くで暮らす妻の母、多くの親戚、知り合いの安否を確かめるすべはなかった。

夕闇が迫る中、危険な建物を離れ安全な場所に移動する。お寺中にある蝋燭を集め灯とし、古い石油ストーブで暖をとる。戦争を体験し幾度となく地震を経験してきた母は、意外に冷静に動き回り、妻と共に薪釜で夕食の用意を始めた。

満天の星空

夕刻から雪が降り出す。津波でずぶぬれになった人々の上に降る無情の雪、残酷な雪。空を見上げ、「自然は人間をもっと苦しめるのか、チクショー」と心の中で呟いた。雪は三〇分ほどで止んだ。

外に出て空を見上げる。あたりはすっかり暗くなっていた。そしてとんでもない光景が広がっていた。今まで見たことのない星空。揺れが収まり、津波が去り、全ての文明の灯りが消えた後、夜空は満天の星空に覆われていた。被災地全体を宇宙が包み込んでいたのだ。

志津川湾には父母、兄弟、友人の無数の遺体が浮かんでいる。大宇宙は「生と死」「喜怒哀楽」そして「あなたと私」の区別を全て包み込み、美しく、そして悲しく輝く。

この星空はどこかで味わったことがある。それは、学生時代に旅したインドのブッダガヤの星空だ。地平線まで星が輝き、漆黒の闇は星の明りに照らされている。それはまるで宇宙の中心にいる感覚だった。仏陀はこの星空の下で悟りを開く。

震災は宇宙的な出来事になり、そして真理の一端が落ちてくるのを感じた。

なぜか宮沢賢治「なめとこ山の熊」のラストシーンが思い浮かんだ。

マタギの小十郎が、なめとこ山のクマに殺され、雪深いなめとこ山の頂に遺体が置かれる。その天空にはたくさんの星が瞬いている。クマがその周りを囲み、宇宙に向かって悲しげな声で叫んでいる。賢治の視線は、すでにはるか宇宙の彼方から注がれ、その様子を描写している。

文明の崩壊——福島第一原発の事故

翌日、昨夜から起動を試みていた発電機がやっと回り始めた。オイルが入っていなかったようだ。電力が再び戻ってきた。早速、テレビにつなげる。

ヘリコプターから撮影された海岸の様子。壊れた家々。少ない情報を連呼するアナウンサーの声。そして、テレビの画面には福島第一原発の映像。バスや自家用車で逃げまどう住民、対応に追われる東京電力の社員、状況を説明する政府関係者の困惑した顔、そして吹き出す不気味な白い煙。制御不能に陥ってしまった福島第一原子力発電所と、故郷を追われる住民の悲惨な姿がそこにあった。これほどの恐怖を経験したことはない。

二人のドイツ人男女がお寺に避難してきた。栗原市のＡＬＴと彼女の男友達である。彼女はドイツ国籍でニュージーランドに住んでいた。栗原市内の中学校で英語の補助教師をしていた。男友達はベルリン大学でクリーンエネルギーを研究しているという。ドイツには地震はない。初めての経験にかなり興奮している様子であった。

在日外国人には、ほとんどの国の大使館より日本からの退去勧告が出される。原発より半径二〇〇キロからほとんどの外国人が消えた。ドイツ大使館は二人を必死に探していた。原発の被害状況や放射能の汚染状況は、私たちよりむしろ海外の方が正確に把握していたようだ。

しばらくして、仙台にある日独交流協会が二人を探し出し、彼らは帰国することになった。集合場所の仙台国際センターまで車で送る。別れ際に二人に告げた。

「日本で起こったことを世界の人々に告げてくれ。この先、原発がどのようになるか予想できない。しかし、私たちはここから離れるわけにはいかないし、死を覚悟している。原発に頼らないエネルギーの開発に努力してほしい」

互いに手を取り合い涙ぐみながらの別れとなった。その後、三沢米軍基地より韓国、コペンハーゲンを経由して、ドイツ本国に戻った。

通信は断続的で不安定だったが、時折、九州や北海道の親戚・知人から連絡が入るようになった。地震や津波の被害よりも、福島第一原発の最悪の結末を訴え、もしものことがあったらと、東京に住む子供たちの行く末を真剣に頼んだ。

原発が制御不能に陥った先について想像することはそう難しいことではない。東日本はこれで全滅だろう。津波や地震の比ではない。恐ろしい……とにかく恐ろしかった。後頭部に円形脱毛症が現れたのは、その数日後のことだ。


福島第一原発一号機、三号機、四号機が水素爆発。二〇〇キロ離れた私の故郷にも、大量の放射性物質が降った。その時着ていた服はすべて廃棄した。故郷の栗駒山の恵み、清らかな水はセシウムで汚染された。人々は経験したことのない放射能の恐怖に怯え始めたのだ。

栗原市内の要所には線量計が置かれ、毎日の新聞には時々の線量が掲載される。食品検査場も設けられた。地物の野菜、山菜などはかなりの数値が出る。今でも頂き物の山菜は食べる勇気がない。また、乳幼児の甲状腺検査の準備もされた。

幸い自宅の薪ストーブの燃料は原発事故以前に伐採されたものだったので、当分の間は安心だったが、事故以後の楢・椚《くぬぎ》などの使用は制限される。薪ストーブから出る灰は放射性物質が凝縮されるので、かなり高い数値の線量が計測される。したがって一般の廃棄物として処理できず、今でも黒い専用の袋に入ったままである。

制御不能になった日本社会が生み出す自死者。そして、二〇一一・三・一一、東日本大震災。

津波による大量の犠牲者、残された人々の悲嘆。それよりもはるかに深刻な原発事故は、文明社会のありさまを私たちに突き付けた。この複雑な方程式への応答は、気づきと絶望が交差しながら同時に進行していくことになる。

やすらぎと不安

どうやら山沿いの道を通れば仙台に行けるようだ、お墓の様子を見に来ていた檀家の方から情報を得る。居ても立ってもいられず、それならと娘を迎えに仙台へと向かう。自分の部屋にいることを祈り、ガソリンの残量を気にかけながら、地震で凹凸の出来た山道を慎重に車を走らせる。もしもに備え、おにぎりを一〇個、車のルーフには道路が不通になっていることを考え、自転車を積んだ。市内に入ると、街路灯はすべて消えていた。人々は黒い異様な列となって、水と食べ物を求めてさまよい歩いている。

マンションの二階の部屋には小さな蝋燭が消えそうに灯っていた。青ざめ、震えていた娘と会う。そして抱きしめた。その日の夜は何年かぶりで、妻と娘と一つの部屋で寝た。薪ストーブで暖を、蝋燭で灯りをとる。ストーブの中の小さな炎、ゆらぐ蝋燭の灯り、そして薪の中から這い出す虫たちの微かな命の音。余震が時折襲う不安な夜。しかし、とても安らかな夜でもあった。

この時すでに、福島第一原発の原子炉はメルトダウンを起こしていた。

親戚でもある南三陸町戸倉海蔵寺《とぐらかいぞうじ》の住職に連絡を試みる。携帯電話がなかなかつながらない。津波はお寺のすぐ前で止まり、家族共に無事なようだ。しかしそこから下は、大津波の被害を受けていた。天国と地獄の境目がそこにあった。寺は遺体の仮安置所になり、次々に遺体が運ばれ、さながら地獄の様相を呈しているようだ。

幸運にも電話がつながった彼との会話は、遺体が運ばれてくるたびに中断してしまう。その遺体の中には、私もよく知っている方々も大勢いた。

妻の母

妻の母は宮城県山元町に住んでいた。二年前に夫を病気で失い、愛犬と一緒に住んでいた。海岸から内陸に三キロメートル離れた場所にも大津波が押し寄せた。近くに姉夫婦が家を建てて住んでいたが、携帯電話はまったくつながらない。テレビ・ラジオから山元町の被害状況が伝わってくるたびに、妻も私も最悪の事態を覚悟した。一〇日後、携帯電話がつながるようになった。母は生きていた。

早速一〇〇キロほど離れた山の避難所に迎えに行く。そこには布団にくるまり、うなだれている母がいた。母は津波を見ていない。激しい揺れの後、愛犬と共に縁側にいたところを、近くで家の修理をしていた大工さんが見つけ、車に押し込むようにして乗せて逃げたのだ。押し寄せる津波。猛スピードで走る車。生と死の境はほんの僅かだった。自宅には大量のヘドロが流れ込み、当分住むことはできない。高齢の母は一年半余り、娘の嫁ぎ先である寺に、愛犬と共に暮らすこととなった。

母は地震と津波がよく理解できなかった。数日後、元の家に帰ると言い始める。高齢に加え、震災のショックで精神が不安定になっている。困惑する妻の姿。

震災前、それぞれの暮らしは、ほどよい距離を保って営まれていた。その人間関係が震災によって微妙に揺らいできたのだ。被災地全体が灰色の空気に覆われる。

震災後、初めて母の住んでいた家に行く。孫たちと夏休みを過ごした家はヘドロで埋め尽くされ、無残な姿になっていた。散乱した写真を持ち帰り、水で泥を洗い流す。

長男と次男がお寺に帰ってきた。二人とも駒澤大学で仏教を学んでいた。発災の時、長男はインドからシンガポールに旅をしていた。次男は東京のアパートにいた。この日からしばらく、高齢の父母、私たち夫婦、三人の子供たち、そして妻の母との暮らしが始まる。

命ある幸せ、家族が側にいる幸せを、これほど感じたことはなかった。人が生きていく原点に気づかされた。

予言と暗示

余震がやや収まり始めた頃、それでもまだ恐怖を覚えながらも、地震の後片付けを始める。図書室の本は全て落ち、乱雑に積み上がっていた。一番上に落ちていた本を取り上げ、何気なく題名を見た。

『成長の限界――ローマクラブ「人類の危機」レポート』、体が凍り付く感覚に襲われる。――ローマクラブ、一九七二年、世界の有識者が集まりマサチューセッツ工科大学のコンピュータを駆使して三〇年後の地球の姿を予想したレポートだ。序文に当時の国連事務総長ウ・タントの言葉がある。

「国際連合加盟諸国が古くからの係争を差し控え、軍拡競争の抑制、人間環境の改善、人口爆発の回避、および開発努力に必要な力の供給を目指して、世界的な協力を開始するために残された年月はあと一〇年しかない。もしそのような世界的な協力が今後一〇年のうちに進展しないならば、私が指摘した問題は驚くべき程度にまで深刻化し、我々の制御能力を超えるにいたるであろう」

あのレポートが発せられて以来四〇年余り。繁栄と狂乱の時を経て、私たちはいったい何をしていたのだろうか。世界のあらゆるシステムは制御不能に陥ってしまったのだろうか。

福島第一原発四号機はかろうじて崩壊をまぬがれる。それは「奇蹟」としか言いようがなかった。一五〇〇本余りの核燃料棒が損傷したならば、確実に東日本全域が壊滅していただろう。いや、それは世界文明の壊滅を意味している。この奇跡は何を暗示しているのだろうか。旧約聖書の「バベルの塔」を思い出す。四号機の奇跡、それは神様がくれた「執行猶予」か！

そしてやがて、東京ではスカイツリーの開業と、東京オリンピックの招致に沸き立つことになる。「放射能汚染水はアンダーコントロールされている」、放射能に汚染された故郷に、日本に、その言葉が空しく響く。この国に良識はあるのか。

火葬場ボランティア

「河北新報」築館《つきだて》支局の宮田健記者から、沿岸から多数の遺体が来るという情報。地震と津波によって遺体を荼毘に付す火葬場がほぼ壊滅したのだ。内陸の火葬場に運ばれてくる多数の遺体。火葬場での最後の祈りを捧げよう、僧侶たちに呼びかける。ガソリンが不足し火葬場まで来るのが困難な中、六名ほどの僧侶が応じてくれた。

斎場を管理する栗原市、特定指定業者の社長、そして現場で働く職員に丁寧に説明を重ね、了解を得る。普段は檀家の火葬ではなんの問題もなく読経できるのだが、ボランティアとして不特定多数の方々に読経するとなると、話が違う。私たち僧侶といえども、火葬場という公共空間で壇信徒以外の方に向き合うためには、行政との取り決めが必要なのだ。

この手続きを踏まず火葬場や遺体安置所に入った宗教者がいたと聞く。しかしその後、「宗教者お断り」となったのは言うまでもない。ここでの体験は、後の臨床宗教師の倫理規定に生かされることになる。

最初に来た遺体は小学校五年生の女の子二人。小さな棺を前に祈りの言葉が震え、声が出ない。火葬場の様子を写していた新聞記者の指は震えている。

「金田さん、おれ写せない」、「この惨状を世界に伝えるのは、あんたしかいないんだ」。彼はやっとの思いでシャッターを押す。そこにはそれぞれの使命に向き合う人々の姿があった。

にわか作りのお棺に入っている祖父、トラックの荷台に載せられて来た父、青いブルーシートに包まれた母、宅配便の冷凍トラックに妻と子を載せてきた夫、父の死顔に何度も話しかけている息子……。

静謐で残酷な「生と死」。そこには凍り付いてしまった心と、未来への物語が紡げなくなった人々がいた。火葬場での読経ボランティアは一カ月半ほど続き、合わせて三五〇体ほどのご遺体に祈りを捧げた。

川上牧師からの電話

四月某日、昨年の自死シンポジウムで名刺を交換し、岡部先生のタナトロジー研究会で再会した川上牧師から電話があった。発災後はキリスト教系のボランティア団体である「東北ヘルプ」の仕事を任され、東奔西走の日々を過ごしていた。

宮城県宗教法人連絡協議会と仙台仏教会が仙台市葛岡斎場《くずおかさいじょう》でおこなった「読経ボランティア」と「心の相談室」を発展的に引き継ぎ、超宗教・超宗派で連絡機関を作り、この震災に向き合いたいので、ぜひ参加してほしいとのことだった。

なんの役職もなく、ただの田舎の住職に過ぎない身の上であることを理由に丁重にお断りした。だが実は、二〇一〇年一二月に四年間勤務した宮城県曹洞宗宗務所を退職し、組織運営の虚しさとエネルギー消費の多さに辟易していたのが本当の理由だった。

それから幾度となく連絡をよこし、どうしてもという懇願だったので、やむなく一回だけでも顔を出せばいいか、と思いつつ四月二七日に東北大学へと赴く。しかし、そこで運命の出会いがあった。後に、臨床宗教師という社会資源を着想する爽秋会岡部医院医院長、岡部健先生と、それを実現する力となった東北大学大学院人文科学研究科の鈴木岩弓《すずきいわゆみ》先生が待っていたのだ。

新たに、宗教者や多業種の人々が協働して震災に向き合う「心の相談室」を立ち上げ、その旗揚げとして、二〇一一年五月七日に「東日本大震災――いのりの心」というシンポジウムを開催したいとのことだった。多少なりともシンポジウム運営には経験があり、県内の宗教事情にも通じていたので、お手伝いすることになった。

そしてその時、川上牧師に翌日、南三陸町の海岸まで四十九日追悼行脚をする旨を伝え、参加を促す。彼は快諾した。

四十九日追悼行脚

震災から四十九日目。僧侶一〇名と牧師一名が参加して、四十九日犠牲者追悼行脚が始まる。南三陸町戸倉海蔵寺から海岸まで僧侶と牧師で歩く。昨年、自死行脚の時に持ったランタンを手にする。幟には「鎮魂」の文字。道ばたにはそれぞれの思い出の写真が散乱し、自衛隊員が瓦礫をかき分け、必死に遺体の捜索をしている。その後ろ姿は「四十九日にはご遺体を家族の元に返したい」、そう語っていた。

遺体の見つかった瓦礫の山には赤い旗が立っている。周囲には死臭とヘドロが入り混じった臭いが漂う。私たち僧侶の唱える経文はやがて叫びに変わり、後ろを振り返ると、牧師は讃美歌集を頻繁に閉じたり開いたりしている。この状況の中で歌う讃美歌が見つからないのだ。

瓦礫が散乱する海岸に立つ。破壊の海を前に、教理・教義、あらゆる宗教的言語が崩れ落ちる。

大乗仏教中観哲学の祖、龍樹《りゅうじゅ》の『中論』を思い起こす。龍樹は「認識の不成立」を徹底的に説く。ならば、目の前の惨状は虚亡なのか。この惨状も不成立なのか。不成立なのに慟哭する自分がいるのはなぜだ。この湧き上がる慟哭も虚妄なのか。

南三陸町防災センターを目指し、再び歩き始める。道ばたには美しい山桜が咲いていた。津波を起こす力も、山桜を咲かせる力も同じ力なのか。問いと答えが回り出し、神仏の言葉を必死に探し始める私たちがいた。

「カフェデモンク」の始まり

通信が回復した頃、オーストラリアのグループから支援金の申し出があった。このグループは曹洞宗の僧侶、是松慧海《これまつえかい》師を中心とした坐禅に親しむ方々である。

是松師は、四国新居浜瑞応寺楢崎一光《にいはまずいおうじならさきいっこう》師の法嗣《はっす》。志を立てオーストラリア・メルボルンに直証庵《じきしょうあん》を建て活動していた。そこには仏教徒だけでなく、クリスチャンやイスラム教徒、ビジネスマンなどが所属していた。以前より、是松師と私の父は親しく交流があり、震災の二年ほど前は、私の長男と共に直証庵一〇周年記念行事に参加していた。

金田老師の近くで大変な災害が発生したと、メンバーが中心となって募金活動をおこない、一万オーストラリアドルを送ってくれた。その支援金が私たちの初期の活動を支えてくれたのだ。

その後の活動は、トヨタ財団や僧侶仲間、そして被災地に想いを寄せる全国の人々からの資金で運営された。

法衣を脱いで被災地へ入る。南三陸町馬場中山《ばばなかやま》の避難所でうどんの炊き出しをおこなう。責任者にその旨を伝えに行くと、若い医師と押し問答している責任者の姿があった。その医師が所属する「国境なき医師団」がそこでの任務を終え、今日引き上げるという。「おまえたちが帰ったら、ここの年寄りはどうなる。病院もない、薬もない。見殺しにするのか！」そう言いながら胸倉を掴み、必死に止めているのだ。

南三陸町は医療機関のほとんどが被災し、機能不全状態にあった。被災者は津波で助かった命を、医師に託している。ならば、私たち宗教者は何をすればいいのだろう。運命の出会いは私に新しい問いを突き付けた。

その日の夜はいろいろな想いが巡り、悶々として寝付けなかった。

震災以前から活動していた自死相談活動では、相談者の言葉に耳を傾けていた。苦しい胸の内を逸らさず、遮らず、一切の価値を織り込まず、ただひたすら聴いているのである。地味ではあるが、とても忍耐のいる活動だ。相手は語ることにより、少しずつ内に秘めた生きる力と、困難な状況を客観的に観る力が湧いてくる。

被災地は膨大な面積だ。避難所もあちらこちらに点在する。そこには未来への物語が紡げない人々が大勢いるはずだ。そうだ！　こちらから出向いて「聴く」空間を作ればいいのだ。

「凍り付いた心を溶かし、未来への物語を紡ぐ」、悶々とした心はやがて一つの形となる。そして傾聴移動喫茶「カフェ・デ・モンク」（以下、「カフェデモンク」と略称）の原型が誕生する。

カフェに置くメッセージボードの言葉は、まるで天から落ちてきたように浮かんできた。

Cafe de Monk はお坊さんが運営する喫茶店です。
Monk は英語でお坊さんのこと。
もとの平穏な日常に戻るには、長い時間がかかると思います。
「文句」の一つも言いながら、ちょっと一息つきませんか？
お坊さんもあなたの「文句」を聴きながら、一緒に「悶苦」します。

特製のケーキを用意する。パティシエは、阪神淡路大震災の時神戸にいてパン作りを学んでいた。倒れてきた柱に挟まり肺を損傷する。多くの人々の助けで帰郷し菓子屋の四代目を継いだ。親戚でもあるこの店の名前「喜久乃屋《きくのや》」は私の祖父が命名した。

できるだけ多くの種類のケーキを注文した。テーマは「ひと時の夢」。物資が思うように入荷しない中、阪神淡路大震災の時の恩返しとばかりに必死に作ってくれた。避難所では支援物資を与えられるだけで、選ぶことはできなかった。たくさんの種類を用意したのは、一瞬だけでも選ぶ日常に帰ってほしかったからだ。

蓋を開けた瞬間、色とりどりのケーキがあり、ホッとする顔があった。色とりどりのケーキは悲しみを一瞬だけでも忘れさせるのだ。

暖かいコーヒーと冷たい飲み物。美しい花とお香。花には花言葉を添える。花言葉は会話を動かす小道具となった。

カフェのBGMは、セロニアス・モンクの素敵なジャズ。モンクはジャズに革命をもたらした演奏者で、ビーバップ時代を作った一人である。それまでのデキシーランドジャズから発展し、かなり前衛的なコード（和音）とスケールが特徴である。彼が奏でる不協和音とルーズなテンポは、被災者の心と歩み方そのものだ。ジャズの即興演奏は、相互が奏でる音をよく聞き、それと同期し響き合う。それは傾聴活動によく似ている。悲しみを背負った人々が奏でる不協和音。私たちはそれをよく聴き、そして同期する。

スピーカーは、あの有名なメーカーの「BOSE」（坊主）。「モンク（求道者）」「文句」「悶苦」の掛け詞は、私たちの言葉遊び。

スタッフにニックネームをつける。私はその風貌から「ガンジー金田」、「UFO吉田」（吉田裕昭師）、「ウジポン氏家」（氏家栄宏師）、「エリック高橋」（高橋悦堂師）、「ポッポリーナ吉田」

（吉田師妻）、「ジン吉田」（吉田師長男、吉田裕喜師）、「ドラゴン小野」（小野大龍師、通称「くさのもの」）、「フィッシュマン三浦」（三浦正恵師、ＦＭディレクター）、「ジュニア三浦」（三浦師次男、三浦正和師）、「ポール及川」（及川靖丈師）、「ムッシュ天野」（天野宏心師）、「デビッド畑山」（畑山貴治）、「マリー畑山」（畑山真理子）、「ユーミン千葉」（千葉由美子）、「フラワー金田」（金田純子）、そして妻の「ガッパ金田」（金田裕子）、「一休諦晃」（長男、金田諦晃）、「孫悟空諦惇」（次男、金田諦惇）などなど。

私たちは四十九日追悼行脚の海岸で武装解除された。それまでの肩書を捨て、生身の自分でこの震災に向き合いたい。ニックネームは遊び心でもあり、自分たちへの戒めでもあった。

遊び心は被災者の心をほぐし、そしてなにより、私たちの心をほぐす。厳しく辛い場所では「場をほぐす」遊び心が大切なのだ。

最初のカフェデモンク——南三陸町の避難所で

最初のカフェは、国境なき医師団の医師と出会った南三陸町歌津の避難所で開く。どうしてもここから始めたかったのだ。

うどんの炊き出しの時は、食べ終わるとお礼を言って三々五々、仕事に戻っていったが、カフェでは一時間近くそこに座っている。やがて尋ねるともなく苦しい胸の内を語り出す。

二十代の若者が津波から車で逃げる時の様子を語り出す。後続車が次々に津波に呑み込まれ、やっとの想いで高台に避難した。運転席で必死に助けを求めている人の顔が忘れられないという。彼は震災で仕事を失う。

満面の笑みを浮かべてケーキを食べていた老婆。しばらくするとお経をあげてくれと言い出す。老婆の家に行く。かろうじて残った家の形。泥まみれの仏壇の脇に、白い骨箱と白木の位牌。老婆の息子は津波で死んだ。傍らには娘から父に宛てた手紙が置いてあった。

「お父さんにありがとうって言いたかった。お父さん今どこにいるの？　いたらなにか合図してちょうだい」

後ろを振り返ると、老婆は泥だらけの床に顔を伏せ、両手で目頭を押さえている。一緒に泣くしかなかった。

五歳の男の子が祖母と一緒にやってきた。ジュースとケーキを美味しそうに食べている。父親は津波で亡くなった。母親は身重で実家に行っており、夫が津波で亡くなったことをまだ知らない。かろうじて残った二階の一室に置いてある白い位牌と骨箱。遺影は結婚式の記念写真。

祖母は男の子を決して二階には上げないようにしていた。しかし、うすうすと父親の死を感じているらしい。昼間は気丈に振る舞い、夜になると避難所の壁に向かい小さな声で泣いているのだ。

うどんの炊き出しの時は聴くことができなかった傷ついた心の声がそこにあった。そして、私たちにこの活動が間違いないことを確信させたのだ。

三陸の漁村は地域社会の結びつきが強い。有史以来、この地方は度重なる津波の被害にあっている。そこから自分たちの生活を守るため、共助の知恵が育まれていたのだと思う。二回ほど入った後、あとは自分たちでなんとかするとのこと。これまでの感謝の言葉をいただき、私たちはそこを後にした。

時空の歪み

四月中旬、お寺に一本の電話が入る。近くに住んでいる四十代の男性からだった。檀家でもあり、彼のことは幼い頃よりよく知っていた。

電話の向こうの声には生気がない。何かに取り憑かれている雰囲気だった。津波が押し寄せ、たくさんの人が亡くなった海岸の様子を、彼と妻そして母と共にトラックに乗って見に行ってから、毎晩、恐ろしい夢にうなされているという。

おぼろげながら、どうやら津波で亡くなった人らしいとのこと。すぐに寺に来るように告げる。しばらくして三人でやってきた。妻と母は、うなされながら家の中を暴れ回っている彼の様子を語ってくれた。彼は明らかに普通の状態ではなかった。

早速、本堂で津波の犠牲者の供養をする。さらにお清めの洒水《しゃすい》を彼の体にふり撒いた。般若心経を毎朝唱えることを勧めて、しばらく様子を見ることにした。そして三日ほど後、元の状態に戻ったという連絡を受ける。

この時点で犠牲者の数は明らかになっていなかったが、あの海岸の状態を見ればかなりの数に上ることが感じ取れた。壊滅した海岸、そして今まで経験したことのない犠牲者の数に、時空が歪み始める予兆を感じた。その後、数カ月して被災地では霊的な体験をする人が出始める。

心の相談室立ち上げシンポジウム

宮城県宗教法人連絡協議会と仙台市仏教会が仙台市斎場で行ってきた「火葬場ボランティア」と「心の相談室」を発展的に解消し、有志が集まって超宗教・超宗派で協働し震災に向き合う新しい組織「心の相談室」を設立することになった。

その記念シンポジウム「祈りの心――宗教者は震災にどう向き合うか」が、五月七日、東北大学で行われた。会場の片平さくらホールには、被災地の僧侶や牧師、そして日本各地から宗教者や宗教学者が集まった。会場はこの震災に心を寄せている人々や取材陣で満席となった。

東京大学の島薗進先生、上智大学グリーフケア研究所の高木慶子《たかぎよしこ》先生、龍谷大学の鍋島直樹《なべしまなおき》先生、東札幌病院チャプレンの小西達也《こにしたつや》先生、そして、寺を避難所に開放し四〇〇名ほどの被災者と暮らす石巻市洞源院《どうげんいん》小野崎《おのざき》秀通《しゅうつう》老師、気仙沼市キングスガーデン宮城の施設長森正義《もりまさよし》牧師。司会は東北大学大学院鈴木岩弓先生。岡部健先生は主催者代表として挨拶をした。

現場の宗教者からは被災現場のリアルな状況と、それぞれの向き合い方が報告された。また、グリーフケアやスピリチュアルケアに携わっている学者からは、さまざまな現場から得られた知見から、この震災への向き合い方が提起された。

宮沢賢治の詩「雨ニモマケズ」は、現場に「行って」のフレーズが繰り返される。これは宗教者としての基本的な態度である。しかし、であるならば、「福島第一原発に行って、怖がらなくともいい」ということを、心の底から言えるだろうか。原子力災害は私たち宗教者にとっても、一般の方々にとってもこれまで一度も経験したことのない災害である。宗教はこの原子力災害とどう向き合うのか。それは、「宗教はこの文明とどう向き合うのか」と言い換えることができるだろう。

原発災害を含め、未だに被災地の全貌が把握できていない状況の中で、この未曾有の災害にどう向き合っていくのか、真摯に考え、迷い、そして答えを探し合っていた。その様子は互いに返り血を浴びながら、真剣に真剣で闘ったというべきか。

そしてこのシンポジウムに集まった宗教者と宗教学者が中心となって、二年後に「日本臨床宗教師会」が設立される。

新生「心の相談室」

二日後、代表の岡部健先生、事務局長の鈴木岩弓先生は宮城県庁で記者会見をおこない、そして「心の相談室」は本格的に動き始めた。

心の相談室の組織は固定的な三角形の組織体系をとらなかった。それぞれの現場が独自に動く、アメーバ的な集合体である。週に一度の会議は事務局が置かれた東北大でおこなわれ、それぞれの現場の情報の交換がおこなわれた。

どの宗教に対しても一定の距離を保ち、中立を貫く宗教学科に事務局を置いたことは、諸宗教・諸宗派が協働して被災地に向き合うのには好都合だったと思う。特に、岡部健先生の現場中心主義、そして鈴木岩弓先生の調整能力、川上直哉牧師のフットワークとネットワークは、会を運営する大きな力になった。

この会の前身は仙台葛岡斎場でのお弔いであった。そのような経緯から、会の活動として身元不明者のお弔いをすることになる。二〇一〇年までの日本社会は多くの孤立者を生んだ。葛岡斎場の仮設安置所には、単に混乱の中で身元が分からない方だけでなく、そのような複雑な状況に置かれた方々も多くいたのである。

お弔いは、月命日ごとに担当の宗教者が自分の宗教の儀式をもってお弔いをする。その後、参加した宗教者がそれぞれのやり方で祈りを捧げるという順序で進められた。このお弔いは二〇一八年三月二六日まで続けられた。

カフェデモンクは、被災現場に一番近い活動として「心の相談室」と共催することになった。現場で体験したことは、会員と共有し、また、その体験は宗教学的な観点から、それぞれの専門言語に翻訳される。「現場の知」と「学問の知」は相互に補完しながら、後に「臨床宗教師養成」の基礎となっていく。

また、「心の相談室」から発信されたカフェ開催情報やその様子は、多くの宗教者の関心を集め、またマスコミが注目する活動になっていった。在宅緩和ケアの医師として確固たる地位を築いていた岡部先生と、東北大学大学院教授の鈴木岩弓先生の存在は、発信された情報に重みを与え、またたく間に日本中に広がったのだ。

いつかは誰もが迎える「死」。この頃の岡部先生は予後約一年を宣告されていたが、命に向き合う姿に悲壮感はうかがえない。やがて訪れる死を全く意識していないかのように振る舞っていた。

ある日、会議の後の雑談でこう言い出した。この震災で最初に心のケアをしたのは誰だ？　すかさず、それは東北で一番の繁華街国分町《こくぶんちょう》で働く女性たちだという。死体をかき分け、泥をかぶり、一日中被災地を歩き回った人々は夜の街に繰り出し、その日起こったことを酒の勢いで語り出す。それを女たちはただただ聴き続けたのだ。しかるに、その女たちもそろそろ疲れてきた頃である。それを癒すのは誰だ？　それは医者と坊主である。さあ、諸君！　飲みにいこうではないか……と、たたみかけるように語った。

当時は被災地での活動とお寺の仕事の間で忙殺されており、さすがに同行することはできなかったが、カフェデモンクのスタッフでもある栗原市一迫普門寺《いちはさまふもんじ》副住職、高橋悦堂《たかはしえつどう》師に後を託し帰路についた。その後、彼は岡部医師の死にゆく姿とその最期に立ち会うことになる。

「歌えない……」

六月七日、奈良から知り合いのシンガーソングライター、やなせ　ななさんがやって来た。彼女は奈良県高取町《たかとりちょう》にある浄土真宗教音寺の住職である。若い頃にガンを患い、それを境に生と死を見つめる素晴らしい歌を作り、そして歌っていた。

彼女との付き合いは、震災前にとある会場で彼女の歌を聞き、詩とメロディ、そして歌声の魅力にとり憑かれてからだ。私の寺でも檀信徒や周囲の住民さんを前に歌ってくれた。また、栗原市の曹洞宗寺院で組織された曹洞宗宮城県第一七教区が主催した、「岩手宮城内陸地震犠牲者追悼集会」でも心に染みわたる歌で会場を包んでくれた。このような経緯で、去る三月九日、東日本大震災の前震が起こった時には、いち早くお見舞いのメールを送ってきてくれたのだ。

二人で栗原市内の南三陸町で被災した方々が身を寄せる二次避難所を回る。大きな会場ではPAをセットし、小さな避難所では生の声で歌った。彼女には素晴らしい持ち歌がたくさんある。しかし伴奏用CDを回し、伴奏が流れ出すと、彼女はこの歌は歌えないと首を振る。被災者の視線や会場の雰囲気がそうさせたのだろう。ついに歌える歌がなくなった。そして「故郷」をやっとの思いで独唱した。聴いていた人々からすすり泣く声が聞こえた。

あなたなら必ず、歌えなくなった自分を乗り越えて、この出来事を歌にすることができるはず、その時を待っているから、と声をかける。彼女には歌詞とメロディーが同時に落ちてくるという天与の才能がある。必ずこの出来事を自分の感性の中で成熟させ、素晴らしい歌を生み出すはずだと確信していた。そしてそれは一年後の春、素晴らしい曲となって被災地に響き渡ったのだ。

膨大な避難所と仮設住宅――本格的な活動へ

被災地には膨大な数の避難所や仮設住宅が作られた。そのほとんどに、まだ自治会組織が立ち上がっていないため、どうつながっていいかわからなかった。知り合いの伝手を辿り、その仮設住宅の雰囲気に気を遣いながら、慎重に場所を選ぶ。傾聴活動はとてもデリケートな活動。わずかでもその場の空気が乱れていると人は心を開かない。丹念に情報を集め、しゃく取り虫のように泥の中を這いずり回る日々が続いた。

サーフィンを趣味にしている仲間のお坊さんがいた。名前は小野大龍師。日頃から顔を真っ黒に日焼けさせ、仕事の合間を縫って海へと出かけていたのだ。お坊さんとしてはちょっと軽めの佇まい。しかし普段より海岸に親しんでいた彼からの情報はとても役に立った。以来、私たち仲間の間では「くさのもの」というあだ名がつく。この震災ではこのような遊び心を持った僧侶が意外にいい活動をしたのだ。その彼から牡鹿半島《おしかはんとう》付近の情報が入る。

高台に立つ寺——蛤浜峰耕寺避難所

石巻から牡鹿半島に入る付け根の部分に小さな浜があり、そこに峰耕寺《ほうこうじ》避難所があった。そこに蛤浜《はまぐりはま》と折浜《おりはま》の方々が身を寄せていた。小さな浜にしては立派な本堂で、ほぼ新築に近い。これらの浜にも少子高齢化が進み、寺を建ててもしょうがないという若い世代の反対を押し切って建てたということだった。高台にあった本堂は被害をまぬがれ、住民たちの命を支えた。このような状況になって、とても感謝していると自治会長さんが呟く。この寺を建てた老人たちのほとんどはもうお墓の中だそうだ。

カフェ開店前、瓦礫がうず高く積み上げられた浜を撮影していたところ、そこに初老の男性が現れ、おまえたちは興味本位でここを撮影しているのか、と怒鳴り散らされる。被災者と支援者の微妙な関係に気づかされた。丁重に謝り、近くでカフェを開いていることを告げた。一時間ほど後、その男性がカフェの椅子に腰かけケーキを美味しそうに食べている姿を見る。

浜の人々は、何かしてもらったら必ずお返しをするのが慣例である。その日も終わり頃に、試しに網を入れてみたら例年より大きいシャコエビが採れたといって、長さ一五センチほどのシャコエビを五〇匹ほど持ってきた。牡鹿半島では多くの人が津波の犠牲になったことが頭をよぎり、とても食べる気になれなかった。

禅宗には厳しい戒律があるので生ものは食べられません、という苦しまぎれの言い訳をして遠慮した。その日、カフェには多くの宗教者が参加していた。彼らは勧められるままに、まるまると太ったシャコエビを美味しそうに食べていた。南無阿弥陀仏。南無阿弥陀仏。


このころよりNHK仙台支局の新米プロデューサーが同行するようになった。彼女は横浜生まれ、東京外国語大学フランス語学科を卒業し、NHKに入社、仙台が初任地となった。震災の時は卒業旅行でフランスに行っており、仙台がこのようなことになっていることを知らなかった。五月中旬、NHK仙台局より電話があり、カフェデモンクを取材するため彼女を同行させてほしいとのことだった。取材といっても何をするわけでもない。カフェのメンバーとして動いていたという感じだった。たぶん仙台局が震災対応で忙しく、新人にかまっていられなかったのだろう。

NHKも八月中旬頃までには落ち着きを取り戻し、いつか必ず私たちのことを番組にするから、という言葉を残して彼女は去って行った。その言葉の通り、後に三〇分ほどの番組を制作し、全国に放映された。彼女との関わりはその後、東京に転勤するまでの五年間、続くことになる。

「南こうせつ＆EPO」ライブ——渡波洞源院にて

カフェデモンクに、僧侶とDate fm（仙台）のプロデューサーをかけ持ちしているメンバーがいた。三浦正恵《みうらしょうえ》師、ニックネームは「フィッシュマン三浦」。彼とは、私が曹洞宗宮城県宗務所に勤務していた時、放送媒体を通して布教することを企画した。結局、思い通りの企画として実現することはなかったが、その時の経験はやがて始まる「ラジオカフェデモンク」につながっていく。

彼のつながりで、南こうせつさんが被災地に入りたい旨の情報を得る。また、彼が制作を担当していた「風の散歩道」という番組のメインパーソナリティである歌手のEPOさんも同じく被災地支援の機会をうかがっていた。そこで去る五月、東北大学で行われたシンポジウムに登壇していただいた石巻市渡波《わたのは》洞源院の住職に打診し、六月二〇日にコンサートを開催することが決まった。費用はカフェデモンクの支援金から拠出した。

洞源院は、牡鹿半島の付け根部分、海のよく見える高台にあり、門前には伊達政宗ゆかりのサンファンバウティスタ号が係留されている。この周辺は石巻の観光スポットである。震災時、たくさんの被災者を受け入れ、一時は四〇〇名ほどの被災者が寝起きを共にした寺である。

南こうせつさんは大分県にある曹洞宗寺院の出身である。寺は長男が継ぎ、彼は音楽家として成功している。司会は私が務めた。会場は被災した方々で満杯だった。六時に開演。私が始まりの挨拶をしようとすると、本堂の前の梵鐘が鳴り出した。すると、喪服を着た人たちが胸に骨箱を抱きかかえながら静々と本堂に入ってくるではないか。

震災以降、檀家の犠牲者はこのように梵鐘で迎えているとのこと。その日は津波で亡くなった親子三人の火葬が終わり、本堂で供養をするという約束だったらしい。避難所の混乱から住職がつい失念していたようだった。急遽、本堂は供養の場所になった。南こうせつさんもその場で祈りを捧げた。初めて体験する震災の現実に緊張した面持ちだった。

供養が終わり、コンサートは始まった。本尊様前には三つの遺骨が並んでいる。この雰囲気をなんとか明るくしようと、必死に向き合っている様子が伝わってきた。やがて彼のヒット曲「神田川」を歌い始める。しかし、途中でついに歌えなくなる。しばらくの間、絶句。会場は静まり返った。

コンサートは曹洞宗梅花流ご詠歌として、南こうせつさんが作曲した「真心に生きる」で締め括られる。寺の避難所には小さい子供たちがいた。住職の奥さんが子供たちにこのご詠歌を教えていたので、はからずも、こうせつさんと子供たちの合唱になった。生と死の意味も分からない子供たちの無邪気な歌声が響き、会場は穏やかな空気に満たされた。

蛤浜・折浜の峰耕寺、渡波の洞源院など、避難所として開放された寺院は数えきれない。伝統仏教寺院の底力を感じる。

多くのボランティアで賑わう——横山仮設住宅

登米市横山仮設住宅は、比較的早く仮設住宅が建設された。東側の山を越えれば南三陸町戸倉地区がある。私たちが四十九日の行脚をした場所である。他の地域では地権者との交渉が難航し、なかなか進まない状況だった。住人のほとんどは南三陸町からの被災者である。近くに曹洞宗大徳寺があり、住職の橘《たちばな》智法《ちほう》師とは顔なじみだった。そのおかげで、さまざまな住人さんの情報や、時々の仮設住宅の雰囲気を教えてもらった。また、カフェの開催チラシなどを配布していただき、とても助かった。

仮設住宅といってもまだ集会所はなく、近くの空き地にテーブルとイス、そしてテントを張ってのカフェだった。その頃、被災地はボランティアで大賑わいだった。単独で活動する人、友人と連れ立って関わる人、自分探しをしている人、それぞれの思いでやって来ては帰っていく。ある人は食べ物を提供し、また、遊び場のなくなった子供たちとおもちゃで遊んでいるボランティアもいた。震災前は、人口減少が進み、行き交う人もまばらな地区が、良くも悪くも人々で賑わった。

老夫婦がカフェにやってきた。パジャマ姿の老人は糖尿病を患っていた。ケーキを置いたテーブルに何回も並び、結局、四個も食べてしまった。津波から助かった命だから大切に、との年老いた妻の制止にもかかわらず、平然と並び、美味しそうに食べていた。後で知ったことだが、老人は認知症だった。

この頃のカフェは多くの団体が関わり、本来の傾聴活動とはいささか趣きを異にしていたが、仮設住宅の雰囲気を感じ取ったり、また住人との関係を作っていた時期だった。

この仮設住宅には、その後たびたび訪れることになる。そしてこの仮設住宅でさまざまな悲しい物語が生まれた。その様子は、以前に活動を共にしていたNHK仙台の新任プロデューサーが三〇分ほどの番組を制作し、全国に放映された。

子どもたちとハエ叩きと――大原浜・鮎川浜のカフェ

七月五日、震災前から自死対策でお世話になっていたネットワーク「風」の、千葉県成田市長壽院住職、篠原鋭一老師が同行する。また途中の石巻市渡波で、静岡県曹洞宗青年会のボランティアと合流する。カフェの開催場所は牡鹿半島大原浜と鮎川浜の二カ所。

大原浜は集会所が支援活動の拠点となっていた。駐車場にテーブルとイス、そしてパラソルを立てカフェのスペースを作る。近くに小学校があったので、子供たちが大勢押し寄せ、美味しそうにケーキを食べていた。食べ終わるとブランコに乗り、牡鹿半島の青く美しい海に向かってこぎだしていた。

どの場所でも子供たちの笑顔には救われる。集会所の中では浜の女たちと若いお坊さんが楽しそうに語り合っている。おそらくこんなにたくさんの若い僧侶と話をするのは初めてなのだろう。近くの小学校から若い養護教諭が来る。コーヒーを飲みながらしばらく話し込む。この三月に大学を卒業し、四月から養護教諭として大原小学校に赴任する予定だった。大原浜も大津波に襲われ、学校との連絡が取れなくなった。やっとつながったのは震災から一カ月後のこと。一度も会ったことのない校長先生と、共に電話越しで泣いたという。

鮎川浜は捕鯨基地として有名である。牡鹿半島の先端に位置し、津波の直撃を受けた。浜のほぼ全域が壊滅状態。津波が通り抜けたが、かろうじて残っていた牡鹿中央公民館の、かつてはロビーだった空間でカフェを開く。隣の小部屋には、津波で流された多数の写真や位牌、床の間の置物がところ狭しと並べられていた。

七月の被災地にはハエが大量発生し、私たちはハエ叩きを両手に持ち、殺生を繰り返すという状況だった。部活帰りの中学生の男女が入ってくる。体操服姿で素朴な笑い。将来もここに住みたいという。なぜかとても嬉しくなった。

石巻からは海岸沿いを車で走って五〇分ほどかかる。そのせいかボランティアの数も少なく、瓦礫の撤去などの復興作業が遅れているのを感じる。

「隠れ被災者」――仙台でのカフェ

被災地は海岸だけではない。故郷の三陸海岸や石巻市から仙台などの都市圏に職を得て定住している世代や、その地域から婚姻のため移り住んでいる方々もいた。その中には父母や親戚が津波の犠牲になった方もいるはずだ。支援の手は多く沿岸地域に注がれ、その方々は一人悶々と悩んでいるはずだ。

仙台市内の適当な開催場所を探し回り、岡部先生の紹介で「おでぇらに」というガンのピアサポーターが集う喫茶店を借りることができた。

一〇〇万都市仙台ではカフェの開催告知が難しい。そのせいか、来店者は少なかった。しかし、口コミで数名の女性が来店。震災の時の話や自分の病気を、川上牧師や僧侶と話し込んでいた。ここでのカフェは、店主の病状がおもわしくなく、一度切りで終わったが、その後、場所を移しておこなわれることになる。

直接被害のあった石巻や三陸海岸沿いには物心両面の支援があったが、仙台などの大都市の「隠れ被災者」は声を上げることすらできない。その黒い霧が次第に広がっていくことを予感した。

その後、街の中心からさほど離れていないジャズクラブを借り切って開催することになる。また、仙台市民有志が中心となり、釜石、気仙沼、南三陸などの海岸地方から仙台市泉区に避難してきた方々のために、「三陸会」を立ち上げる。その中心的な世話役、草貴子《くさたかこ》さんは、震災前に勤務していた曹洞宗宮城県宗務所があった東市名坂町内会の会長であり、その頃から親しく交流していた。このような経緯で、三陸会にカフェデモンクが深く関わることになる。

「ラジオカフェデモンク」

七月頃、岡部先生の関係団体から、心の相談室にまとまった支援金の申し出があった。震災向けのシンポジウムの開催も検討したが、このとき県内の主だった会場は震災被害のため使用できず、会場を探すのが困難だった。また、まだ被災地全体が落ち着きを取り戻しているとは言いがたく、これといった告知の方法もなく、集客は期待できない。

そこで、ラジオメディアを利用することを提案した。ＦＭラジオで被災地全体になんらかのメッセージを発信する企画である。岡部先生には、そんなことができるのか、と半信半疑の目を向けられたが、実現には自信があった。

震災前年まで、曹洞宗宮城県宗務所に教化主事として勤務していた。その時にラジオメディアを利用した布教を提案したが、残念ながら思うような結果を得られなかった。その時 Date fm

（仙台）に提出した企画書を震災対応に書き換えればいいのだ。次週の会議に提案、了解を得て、早速Date fmに持ち込み、交渉が始まる。その時に活躍したのが、僧侶でありDate fmで番組を制作していた三浦正恵師（フィッシュマン三浦）だった。

宗務所時代に放送企画を相談していたパーソナリティの板橋恵子さんに相談する。放送局には放送コードがある。心の相談室は多宗教・多宗派それに多業種の協働とはいえ、当然ながら放送には倫理的な制限がかかる。そこをどのように擦り合わせていくかが問題であった。

企画は、毎週、被災地で活動している方々や、被災地に想いを寄せている各界著名人、そして宗教者から前向きに生きるヒントを語ってもらうという内容。一般の方の出演者を多くし、宗教者の割合は少なめに設定する。もちろん布教めいた内容はＮＧとした。提供クレジットは入れない。番組の最後には、カフェデモンク実働隊と称してカフェ開催情報を流す。週一回、放送は二五分間、エリアは宮城・岩手・福島の三県とした。

ちょうどその頃、Date fmにも事情があった。それは震災の影響で、企業が番組のスポンサーを自粛してしまったのだ。また、板橋さんには震災に向き合う番組制作への強い思いもうかがえた。なぜなら板橋さんは今年度をもって定年を迎える。そのタイミングでの、この震災だったのだ。

そして両者の想いは少しずつ形が見え始め、そしてやがて一つになった。一〇月一日の放送開始に向け準備が始まった。ラジオ放送は中断した時期もあったが、二年半ほど放送されることになる。

カフェデモンク実働隊、ラジオカフェデモンクの制作、心の相談室の会議、そしてお寺の業務と、調整しながら忙しい毎日を送る。命が削られるような毎日だった。

そして、被災地には最初のお盆がやってきた。

「幽霊が出る」

忙しいお盆が終わった頃、心の相談室で協働していた川上牧師から、仙台市太白区日辺《たいはくくにっぺ》での合同カフェを提案される。この周辺地区の情報について私たちは入手しがたいことから、この提案を受け入れ、牧師と僧侶の合同カフェデモンクとなった。住人さんはその組み合わせを暖かく受け入れ、和やかなカフェとなった。

日辺でのカフェは二回おこなわれた。二回目に開催した時、その後、被災地のあちらこちらで囁かれることになる「幽霊」の話題が現れる。

その日、集会所へは少し遅れて到着。私たちを取材するため中央の大手新聞の記者が同行していた。中にはすでに一五人ほどの女性が待っていた。前回の明るい雰囲気とは違い、あたりには重々しい空気が漂っていた。しばらくして、その仮設住宅のまとめ役のような立場の女性が口を開く。

「夕暮れ時、海岸の松林の中をたくさんの人が歩いている」「水たまりに目玉のようなものが写る」「津波で廃墟になった建物から誰かに見られているような気がする」「テレビの上に白いものが立った」などなど。

実際に見たのか、噂話なのか確かめようがない。しかし、彼女らはそれに怯え、驚き、そして視線は明らかに私たちにその答えを求めていた。同行の記者は一瞬ハッとした表情でペンとメモ帳を取り出し、私たちの会話の成り行きを見守っていた。しばらくの沈黙の後、こう語りかけた。

「幽霊が出るのは当然だ。みんな突然の出来事で死んでしまった。お別れを言うこともなく死んでいった。皆さん方も、お別れを言う間もなく大切な人が逝ってしまった。どちらにも大切な人への想いがある。だから相思相愛。そこになにかが生まれるのは当然だ。だけど、怖がっちゃいけない。その幽霊は今まで近くに、皆さんの近くにいて、生活を支えてくれていた人だ。ガソリンスタンドのお兄さん、レジのおばさん、食堂のご主人、そういう人だ。今度、幽霊に出会ったら、こう語りかけて。あなた方は残念ながら死んでいる。死んだ人には死んだ人が行くべき場所がある。そちらの世界で私たちを見守って。そして、この世界は私たちがちゃんと復興するからと。そうだな……二、三年したら出なくなるから、大丈夫！　それでも出るようだったら、全国のお坊さんを集めて、喉がかれるくらいお経を唱えて供養するから」

私の語りがどれくらい伝わったのか、そして効果があったのかよく分からない。ここでの出来事は、同行していた新聞記者によって世界に配信された。やがてイギリスのＢＢＣやロンドンタイムスなどの有名なメディアの取材を受けることになる。イギリス人はこの手の話題に、とても興味をもつ国民性があるようだ。

幽霊を見るということは、誰にでも打ち明けられる話ではない。やはり宗教者への安心感から語り出したのであろう。この出来事は心理学や精神医学からさまざまに解釈されるだろうし、宗教や宗教者によっても対処の仕方が異なるだろう。

証明できない被災地の不安は、解釈ではなく、相手の語りをそのまま受け止め、解決の糸口を注意深く物語らなければならない。テレビなどで火の玉プラズマ論を展開し、霊的現象を否定している学者から私に対し痛烈な批判のツイートがあった。安全な場所からいくら解釈していても人々の安心にはつながらない。

以後、霊的現象は被災地のここかしこで囁かれるようになる。そして、一年後、犠牲になった人々が憑依したと、助けを求める女性と出会うことになる。

誰も来ない日――大型仮設住宅団地の造成

石巻に約二五〇〇世帯の開成仮設団地が建設された。私たちの仲間の僧侶が仮設団地の詳しい情報を集めてくれる。栗原のお寺から石巻市までは約七〇キロの距離。県北高規格道路から三陸道を経由すれば一時間ほど。私たちの活動はやがて、石巻市を中心に活動の輪を広げていった。

石巻の仮設住宅。石巻は平成の大合併で広域な地域と人口を抱えることとなった。同一地区同一仮設の地域もあったが、市内のほとんどは地域ごとの入居は難しく、広範囲の被災者がバラバラに入居するという状態になってしまったのだ。お隣同士のつながりもなく、私たちのカフェに来て初めてお隣同士とお話をしたという方が多かった。私たちの活動に、知らないお隣同士をつなげるという目標も加わった。

誰も来ない日もあった。しかし「そこにいる」ことに意味があるのだと自分たちに言い聞かせる。次第に人が集まり、ホッとする場所が「苦悩の物語」で満たされ始める。

よみがえる命――避難所の遺体安置所

仮設住宅に籠ったまま外に出なかった一人暮らしのおばあちゃんから、ぜひうちに来てお経をあげてほしいと、見回りボランティアを通じてお話があった。おばあちゃんの住む仮設にうかがうと、ガランとした小さな部屋にぽつんと座っていた。その顔には生気がない。茶箪笥の上にはご主人の写真。何もする気が起きないと言う。

おばあちゃんは津波警報が出ると同時に小高い丘に逃げたが、ご主人は人工透析の帰り、自宅前で送迎の車に乗ったまま津波に襲われて亡くなった。ご主人の安否が分からず方々の避難所や遺体安置所を回った。やっとの思いで見つけたが、そこは自分がいる避難所の遺体安置所だった。遺体はビニールシートで覆われていた。「私は避難所の三階にいて、主人は二階にいたのよ。早く見つけてあげればよかった、ちゃんと毛布でくるんであげればよかった」、「優しい主人だったから、死ぬ前に私が無事逃げたことを知っていたか気がかりなんです」。

多くの犠牲者が出た被災地では火葬が追いつかず、ご主人の遺体は仮埋葬されていたが、一週間後には掘り返し、火葬と葬儀をおこなった。

一緒に般若心経を唱える。帰り際に「人が喜ぶことをしてあげるのが大好きだったご主人は、今のばあちゃんを見てなんて思うべが。そんなご主人の生き方と想いを、ばあちゃんが受け止めで、少し前を向いて歩いてみましょうよ。ご主人がばあちゃんの命の中で生きけぇるぞ」と一言。一瞬、おばあちゃんの目が輝いたように見える。二週間後、おばあちゃんの姿がカフェの片隅にあった。

ウグイスになったおじいちゃん

八十代半ばのおばあちゃんと二人の娘さんがやって来た。和尚さんと話をしたいという。おじいさんは震災前から人工透析をおこなっていた。津波から命からがら逃げ、娘の家に避難したが、病院も被災し透析が思うようにできなくなる。仙台の病院にヘリコプターで運ばれるが、様態が悪化。三日後に亡くなってしまう。

亡くなる当日の午前、娘の家の窓際でウグイスがしきりと鳴いていた。今までこのようなことはなかったという。そして午後、おじいさんは息を引き取った。「和尚さん、あの時鳴いていたウグイス、おじいさんだったんだべか?」、「んだ！　んだ！　じいちゃんだ。間違いなく、じいちゃんだ。じいちゃん、最後のお別れ、言いにきたんだ」と、すぐさま答える。

「そんなことあるんだべか?」、「当たり前じゃねぇが。命はみんな、つながってんのさ。鳥も草も木も花も、海も山もみんなつながってるんだ。大事な人のどこには、ウグイスになったり、トンボになったりして来るんだ。来年の春も、きっとウグイス来るべよ。まだ美しい声で鳴ぐがら、だがら寂しぐねぇべ、なぁ寂しぐねぇべ」。おばあちゃんの顔には少し微笑みが戻ったような気がした。

その時からこのおばあちゃんを「ウグイスばあちゃん」と親しみを込めて呼んでいた。幸いなことに、一年ほどで娘夫婦が家を新築し、一緒に住むことになった。引っ越しが終わったその夜から、天井裏で物音が聞こえるようになる。「おじいちゃんも一緒に引っ越して来たんだ」と大騒ぎになったが、数日経っても物音は消えない。不審に思って天井裏を調べたら、なんとそこにはコウモリがいたと、皆で大笑いしたという。

ウグイスの話は偶然か?　いやウグイスとの出会いは偶然の真実。その出来事でおばあちゃんは一瞬にしておじいちゃんとつながり、一歩を踏み出すことができた。物語は一瞬に立ち上がる真実なのだ。

近所の力・おせっかいやき

住人さん二人が、女性を連れ立ってくる。私たちが来るのを知り、四畳半の仮設住宅の一室に籠りっぱなしになっていた彼女に声をかけ、半ば強制的に連れ出してきた雰囲気であった。彼女は津波で大切な家族と財産すべてを失った。

私の前に座る虚ろな佇まい。その顔からは感情が読み取れなかった。思わず「辛かったろう」と手を伸ばし、彼女の手をそっと握った。その瞬間、彼女の目から涙が溢れ、頬に血の気が戻ってきたのを感じた。

私と彼女の様子を見て、連れてきた住人さんは「ほらよかったね、あんた泣くことができた、お坊さんに話を聴いてもらってよかった、よかった」と、にこやかに微笑んだ。近所のチカラが凝り固まった心を動かす。零れた涙は新しい物語が動き始めた証なのだ。

ある日、足の悪い老女に付き添って住人さんたちがやって来た。話を聴くと、この老女は五〇年ほど前に栗原市から嫁いだということだった。石巻と内陸の栗原は塩の道でつながっている。

この道を通して人や物が行き交い、そして時には婚姻がおこなわれた。この老女は行商人だったおじいさんと結ばれた。あの時、津波が近くまで押し寄せたのを見て、おじいさんに早く逃げるように叫んだが、なぜか家の方に向かって歩き始めたという。振り向き際に「おう！」という声を聞いたのが最後だった。

ケーキを食べ、折り紙をしながらゆっくりとした時間を過ごしていたが、しばらくすると連れてきたご近所さんたちが、用事があると言って老女を残して玄関に向かう。そしてその場には私と老女だけになった。しばらく沈黙が続き、老女はおもむろに話し始める。

「和尚さん、私とても悲しい……。あの時もう少し強く避難をさせればよかった。振り向いた時の顔が忘れられない」と下を向き、涙を零す。ふと玄関を見ると、近所の人たちがガラス越しに老女の様子を心配そうに見守っていた。

足が悪く、仮設住宅の一室から出ることができなかった老女は、一人悶々とした日々を送っていた。事情を知った近所の住人が声をかけ、私たちの元に連れてきたのだった。そして、皆がいると話しづらいと気を遣い、その場からそっと離れたのだった。

かつての日本社会には、どの地域にも「世話好き」のおばさんが一人や二人いた。その人たちの「余計なお世話」は福祉制度の網の目をさらに細かくし、社会は優しく保たれていたのだ。

開成仮設団地で一番の「おっせかいやき」は、たぶん横倉明美《よこくらあけみ》さんだろう。彼女は年の頃四十代後半、六年間、夫と二人でこの仮設住宅に住んでいた。かっぷくのいい体格とは裏腹に、とても繊細な感性を持ち、そして人の世話をすることが大好きな女性だ。仮設住宅の情報を教えてくれたり、カフェの開催告知ビラなども配ってくれた。いわば、カフェデモンクの隠れスタッフのような存在である。このような方と信頼関係を結ぶことは、活動がスムーズに、また独善的にならないためにも必要なことである。

ある日、朝からお寺の仕事をしていたところに彼女から電話が入る。住人さんの様子がおかしいとのこと。普段は集会所に来て自分から場を和ませていた女性が、ここ数日、部屋に閉じこもっているらしい。壁の隙間からは線香の香りが漂ってくるし、こちらからの呼びかけにはまったく応じない。異常を感じた横倉さんは誰に相談することもできず、私にすぐに来てほしいとのことだった。

お寺の用事を手短に済ませ、石巻へと車を走らせる。二人で戸を叩き、呼びかける。カフェデモンクの金田ですよ！　との呼びかけにやっと応じてくれた。しばらくして扉が開くと、部屋の中は線香の煙で一杯だった。どうやら今まで部屋の中ほどに作られた仮の仏壇に向っていた様子だった。虚ろな目、言葉には力がなく、時折、呂律が回らない。

注意深く話を聴くと、どうやら震災当日の出来事がフラッシュバックしている様子だった。フラッシュバックはある日突然、辛さ悲しさがぶり返し、自分ではコントロールできなくなる心理現象だ。そのきっかけは人それぞれで、複雑でかつ深い。しばらく話を聴くと、落ち着きを取り戻した。仮設で一人暮らしだった彼女は、やがて遠くに住んでいる息子夫婦に引き取られていった。

できて間もない仮設住宅に芽生えた「近所の力」と、私たちの宗教者の役割を再認識させられた出来事だった。住人の繊細な状況を把握するのは、私たちでは到底不可能だ。そんな時こそ、「近所の力」と「おっせかいやき」の底力が発揮された。仮設住宅では引きこもりが問題になる。戸別訪問が規制されるという難しい状況の中、この近所力は仮設暮らしを支える大きな力になった。

渡せなかった誕生日プレゼント

カフェデモンクでは必ず集会所の外にテントを立て、テーブルと椅子を置いておいた。集会所に入るのをためらう住民さんのためにである。ある日、しばらくそこで男性と話し込み、区切りをつけて集会所の中に入った。すると、年の頃六〇歳くらいの女性と二歳ほどの孫娘を囲んで、カフェデモンクの女性スタッフが目を真っ赤にしてすすり泣いていた。

女の子の母親は、職場近くに襲ってきた津波から、車で逃げる時に巻き込まれて亡くなった。震災当日の三月一一日は、ちょうどこの子の誕生日だった。数日後、発見された車の中には、お母さんの遺体と、そして後部座席には泥だらけになった誕生日プレゼントがあった。

額のあたりが少しずつお母さんに似てきたの、といって涙を浮かべるおばあさん。集会所の中で無邪気に遊ぶ女の子。時が止まってしまったかのような静かな時間だった。


死別の苦しみ。将来への不安。遺体の見つからない空虚な心。狭い集会所の空間には人々の心の叫びが溢れる。次第に「自と他」の境界線が透明になっていく感覚が湧き起こる。いったいこの感覚はなんだ。これが「慈悲」というものなのか。

慈悲は厳しい言葉。切に他を想う心は、同じ力で自分に帰ってくる。他を想えば想うほど、どうにもならない現実がそこにあるのだ。


心の相談室の室長である岡部先生は、この頃はまだ歩ける状態だった。心の相談室の会計を担当していた友人の櫻井恭仁《さくらいきょうひと》さんと共にカフェに来ては、住人さんたちや私たちの様子を観察していたのだった。岡部先生は震災の翌年九月にこの世を去った。いただいた写真データの中に、一枚の写真を見つけた。そこには苦しくなって仮設の集会所を飛び出したこの頃の私の姿が写っていた。額に皺を寄せ、視線ははるか遠くを泳いでいる。

切に他を想いながら悲しみを共有する難しさ。逃げ出したくなる自分との闘いだった。慈悲は厳しい言葉。この写真は私にとって大切な一枚となった。

死者が集う山——月山

山形県村山地方・庄内《しょうない》地方に広がる月山《がっさん》・羽黒山《はぐろさん》・湯殿山《ゆどのさん》を中心とした出羽三山《でわさんざん》信仰は、東北地方を中心とした各地に信仰の根を下ろしている。羽黒山は現世の幸せ、月山は死後の安楽と往生、そして湯殿山は生まれ変わりの未来を祈る役割を持っている。

初夏の頃、栗原市一迫《いちはさま》にある「風の沢ミュージアム」を通じ、東日本大震災犠牲者の冥福を祈る般若心経の写経趣意書が届けられた。趣意書によると、この写経は死者の安楽を願う月山頂上付近に納経される。発起人は羽黒山伏、星野文紘《ほしのふみひろ》師。この趣意書はインターネットなどを通じ世界中に発信された。そして多くの人々が参加した。

通大寺では三〇年ほど前から、夏に子供たちを対象にした寺子屋合宿をおこなっている。震災の年だったが、中断することはできない。その年は小学校一年生から六年生まで八〇名ほどが参加した。ちょうど毎年のプログラムに写経の時間があったので、月山に納める写経を書いてもらうことにした。

写経の前に、たくさんの人が亡くなり、多くの財産が失われた悲惨な出来事を話した。子供たちは皆、真剣に聞いていた。いつもの年なら、席を立ち騒がしく書いていたのだが、今年はまったく違っていた。誰も騒がない。誰も立たない。ペンを走らせる音だけが本堂に響いていた。低学年には少し難しかったが、必死に書いていた。なかには、時間内に書けなかった子供は泣きながら最後まで書いていた。子供ながらに多くのことを感じ取っていたことが伝わってきた。

写経は志を同封して郵便で送ることになっていたが、子供たちが真剣に書いた写経を郵送することはできない。星野師が営む宿坊「大聖坊《だいしょうぼう》」に直接持参した。

星野師は不在だったが、大きな注連縄《しめなわ》をくぐって宿坊に入ると、奥座敷に仏間がある。そこで真言宗の僧侶が全国から寄せられた写経を早口で読んでいた。明治初期、神仏分離令が発令され、国によって神と仏は不自然に分離された。しかし、大聖坊の空間では神仏は違和感なく同居し、神仏の力が凝縮された不思議な空気で満ち溢れていた。

子供たちが奉納した写経は、日本国内外から寄せられた一万一千巻と共に、二〇一一年一〇月、月山山頂の経塚に埋設された。大震災で亡くなった人々の魂は、この山に鎮座したのだ。

その日、星野師とお会いすることはできなかったが、後にこの時の縁で、ラジオカフェデモンクに出演していただくことになった。

生者と死者の踊り――西馬音内盆踊り

栗原市一迫の山里に古民家を改造した「風の沢ミュージアム」という小さな美術館がある。東京から移り住み、東北の文化や芸能を巧みに取り入れた企画展やイベントを開いていた。二〇一〇年秋、そこのイベントで秋田県羽後町西馬音内《にしもない》地区の盆踊りを見た。

西馬音内盆踊りは、秋田県南部羽後町の西馬音内地区に、八〇〇年ほど前から伝わる盆踊り。羽後町には、石巻市大街道からつながる国道３９８号線が走っている。太平洋と日本海をつなぐ、塩の道の沿線にある町だ。

先祖から代々伝わる着物を再利用した端縫いの衣装。顔が見えないように目深かに被った笠。死者を意味するひこさ頭巾。踊りは「音頭」と「がんけ」の二種類ある。「がんけ」の歌詞は決まっているが、「音頭」の歌詞はほぼ即興である。日常の些細な出来事を面白がる歌詞から、男女の卑猥な歌詞まで、陽気なリズムに優雅な身のこなし、薪火の周囲を、生者と死者、男と女が入り乱れて踊る、妖艶で繊細な踊りである。

その踊りにすっかり魅了され、通大寺でも翌年（二〇一一年）九月一〇日に開催したい旨を伝えた。その返事が来るのが、ちょうど二〇一一年三月一一日だった。通信が復活し、周囲が落ち着いた頃、電話をする。状況が厳しく半ば開催不可能かと思われたが、西馬音内の方々は、このような時だからこそやりましょう、と快く引き受けてくれたのだった。


盆踊りは、はからずも震災犠牲者に捧げる追悼盆踊りになった。

西馬音内盆踊りは、回転しやすくするためにアスファルトの道路の上に砂を撒いて踊る。砂の上を草履が回転する時の音が、この踊りに彩りを与えていた。

被災地海岸の砂を集めよう。早速、私たちが「くさのもの」と呼ぶサーフィン好きの坊さんに命じ、茨木県水戸大洗《おおあらい》から岩手県山田町までの海岸の砂を集めさせる。三〇カ所近くの砂が集まった。その砂を天日で干してサラサラにした。

当日、供養の経を唱え終わり、踊りの場に海岸の名前をアナウンスしながら砂を撒く。会場は異様な雰囲気になった。境内は津波が押し寄せ、たくさんの遺体で埋め尽くされた海岸そのもののようになり、盆踊りの舞台は整った。

この時に使った砂は後にガラスにされ、二年後、和歌山高野山に追悼記念碑として納められることになる。

開催前日、地元の新聞記者から聞いて初めて知ったのだが、その日は、震災で亡くなった若い女性の結婚披露宴が予定されていた日だった。彼女は南三陸町防災センターで最後まで避難を呼び続けていた。その建物を津波が襲うと同時に放送は途絶える。遺体は数週間後に見つかった。

西馬音内盆踊りは「音頭」「がんけ」の二つ一組で一回の踊りとなる。そして二巡目の踊りは、彼女を追悼する踊りとなった。薪火の周りを、笠をとり頭巾をはずした若い男女二人が、決して交わることのない円を描いて踊る。

お囃子には歌を入れず、老練な男たちが打ち鳴らす太鼓と鐘の音、そして幽玄な笛の音。時折、薄明るい薪火に照らされる横顔。それは寂しく、切なく、そして異様なほど美しかった。会場にいたすべての人々が、あたかもあの世から彼女が降りてきたかのような、そういう幻想に引き込まれていったのだ。

彼女にとって、あの震災がなければ人生で一番輝いている夜だった。キラキラとしたシャンデリアの下、たくさんの人々から祝福を受けたはずだった。

追悼の踊りが終わると、三回目は再び淫靡で下品な歌詞と、陽気なお囃子に合わせた踊りが始まった。

「はぁよーいど　はぁーそれ！　それ！　それ！　ほぅーい」

祭りは「聖と俗」「生と死」のカオス。そしてカオスから力強く生命が溢れ出す。

この西馬音内盆踊りは翌月一〇月九日にカフェデモンクと風の沢ミュージアムの合同企画として、岩手県陸前高田市にある曹洞宗普門寺でもおこなわれることになる。

ラジオカフェデモンク収録・放送開始

準備が進められていたラジオカフェデモンクの収録が始まった。最初の出演者には番組名から、カフェデモンク・マスターである私が当てられる。

実はパーソナリティの板橋恵子さんとの出会いは、高校時代にさかのぼる。四十数年前のことだ。当時、ＡＭ波だったラジオにＦＭ波が加わり始め、高音質の音楽を聴くことができるようになった。高校生だった私は、お寺の屋根に大きなアンテナを立て、ラジオから流れる板橋さんの声を聴いていた。また、お小遣いを貯め、オープンリールの録音機を買い求めた。当時はエアーチェックと呼ばれた。彼女の番組でジャズの知識と楽しみ方を覚えた。

耳に優しく癒される声。トークも滑らかで、異次元のセンスを感じていた。いつかお会いしてみたいと思っていたが、このようなかたちで出会うとは、その頃はまったく想像すらできなかった。

収録の前日九月一五日は、石巻市開成仮設団地でのカフェデモンクだった。まだ集会所での開催はできず、仮設住宅と仮設住宅の間にテントを張り、外での開催となった。お天気もよく住人の子供たちがたくさん集まった。体調が比較的安定していた岡部健先生も友人の櫻井恭仁さんと参加。また、先生が亡くなった後、『看取り先生の遺言』を出版した奥野修二さんも一緒だった。

石巻から帰り、明日の収録に備え、早めに入浴し床に就こうとしたその時、携帯電話が鳴る。同級生からだった。娘が自宅で死んだという力のない蚊の鳴くような声。その声から自死を感じ取った。気が動転していた彼に代わって葬儀社の手配をすると同時に、僧衣に着替え自宅に向かった。二階のベッドに横たわっている姿はまるで寝ているようだった。傍らには、お母さんが眠っている子を起こすように体を揺すり、泣き叫んでいる。遺書は残されていない。寺に戻った時は、深夜二時を回っていた。

翌一六日は、記念すべきラジオカフェデモンクの収録日。いったいなぜ、この国はどうなってしまうのだろう……、そんな思いをひた隠しながら収録が始まった。この日の収録はとても辛い時間だった。

放送は、二〇一一年一〇月から二〇一二年九月までは週一回、宮城・福島・岩手に、二〇一三年四月から二〇一四年三月までは週一回、宮城に流された。二年間の放送回数は一〇五回。一〇〇歳を迎えられた聖路加病院理事長日野原重明先生、芥川賞作家玄侑宗久師、心の相談室室長岡部健先生（医療法人社団爽秋会岡部医院理事長）、国際電話でニューヨークから出演いただいた音楽家の坂本龍一さんなど、総勢九九名の方々に出演いただいた。

いったん放送が始まると、番組を淀みなく安定して放送しなければならない。次々に出演者を選び、出演交渉をし、必要な情報を集めシナリオを作り、パーソナリティと綿密に打ち合わせを重ねる、とてもタフな仕事だ。しかも、実働隊としてカフェデモンクも同時に進めなければならない。番組制作には、経験豊富な三浦正恵師とDate fmディレクター鈴木《すずき》一生《かずなり》氏の力量がいかんなく発揮された。

この番組の要はなんといっても熟練のパーソナリティ板橋恵子さんだ。一九八二年に開局したエフエム仙台（後のDate fm）で様々な番組制作を手掛ける。宮城県は地震が多い。当時想定されていた宮城県沖地震の備えを目的に防災啓発番組や災害時の非常食のレシピを募集する「サバ・メシ・コンテスト」を企画するなど、放送人として防災に深い使命感を持っている方である。また、パーソナリティとして一切の妥協を許さない仕事ぶりは時には私達スタッフと熱い議論になることもあった。

「この番組は被災地で活動なさっている方をはじめ、さまざまなゲストをお招きして、前向きに生きるヒントを伺っていこうという番組です。一杯のお茶が心を開き、心を通わすきっかけになるかもしれません。あなたもご一緒にお茶になさいませんか」というオープニングトークでゆったりと始まる。そして次第に、多彩な「うなずき」を駆使して相手との距離を縮め、会話を自由自在に操り、相手の核心に迫っていく。その核心は飾られたよそ行きの言葉ではなく、その人自身の魂の言葉だ。彼女はその言葉が落ちてくるまで実に巧みに夾雑物を取り除き、会話を組み立てていく。

ある著名な宗教者との収録の折、おざなりな宗教的言語を駆使する彼に熱く迫り続け、ついに「その時私は何もできなかった……」という魂の言葉を引き出す。

「あの未曽有の震災は多くを奪い去り、同時に人々の内面を顕にし、『生きる』とは『いのち』とは、という根源的な問いを突き付け、私たちの心の足元を見つめ直す契機をもたらした」と後に彼女が語っている。その時の私たちは何かできたという話にではなく、不思議なことに、何もできなかったという言葉にこそ共感し、そして安心したのである。スタジオは単なる収録空間ではなく、まさに被災地そのものだった。

三〇〇体の遺骨安置——陸前高田普門寺での西馬音内盆踊り

栗原市一迫にある風の沢ミュージアムが中心となって組織された「栗原応援隊」とカフェデモンクが共催して、陸前高田市普門寺境内で震災犠牲者を追悼するため西馬音内盆踊りを開催することになった。この日は秋田県羽後町の正式な団体である「西馬音内盆踊り奉賛会」がバスを仕立ててやってきた。

陸前高田市は、突起の入り乱れたリアス式海岸が砂浜に変わり、陸と海との間には青々とした松原で隔てられた美しい街。その街は津波に襲われ町の大部分が破壊され、約一二〇〇名の命が奪われた。普門寺は小高い丘の上に建つ曹洞宗の古刹で津波の被害をまぬがれた。住職とは顔なじみであった。

通大寺から持参した大行灯を境内の中心に置き、薪台を並べ、その周りに観覧用の椅子を配置する。そこから一段低くなった境内地にテントを張りカフェを開いた。

しかし、境内に重々しい負の空気が漂っているのを感じた。住職に挨拶するために本堂に入り、本尊を拝し、ふと右側に視線を移すと、そこには犠牲になった方々の遺骨が白い布に包まれて安置されていた。その数は三〇〇体ほど。たくさんのお菓子が置かれている幼い子供の小さな遺骨。セーラー服を着て微笑んでいる女子高生の遺影。堂内に交差する生者と死者の視線。そのすべてがそこにいる者に何かを語りかけているように感じられ、背筋に電気が走るような感覚に襲われた。

カフェには普門寺の檀家や周辺の仮設住宅から大勢の人が集まってきた。しかし、言葉の一つ一つがとても重く、相槌すら打てない。

背後の山に日が沈み、境内が暗闇に包まれる。大行灯に蝋燭が灯され、薪台に薪がくべられる。陸前高田仏教会の犠牲者追悼供養の後、いつものように寄席太鼓が打ち鳴らされる。やがて「音頭」が始まる。うっすらとした薪の明りに照らし出される踊り子と観客。生者と死者が出会い、過去と現在が交わり始めた。やがて境内に漂う重々しい空気が少しだけ動き出したことを感じる。

合同月命日の祈り

仮設住宅はさまざまな立場の方が住まいする寄り合い所帯。なかには集会所に入ることをためらう人々がいた。その人たちのために、入口近くには必ず木製のキャンピングテーブルと椅子を置いておいた。この頃になると、少しずつ寒さが厳しくなる。そこでテーブルの周囲に焚き火台を置き、炭をおこして暖をとることにした。

私たちを遠巻きに見ていた九〇歳近い老女がいた。手招きをして誘うが、なかなか来ない。業をにやして半ば強制的な口調で誘い、やっとのことで外テーブルの椅子に座ってくれた。お茶とコーヒーを出すと、少しずつ重い口を開き始める。

おまえたちは少し騒ぎ過ぎだ、という。こんなことぐらいで大騒ぎするのは若いやつらだけだ。おらなんか満州から引き上げて、そのあと空襲にも遭った。津波なんかこれで三回目だ。騒ぎ過ぎなんだよ、あんたらは。そう言ってケーキを食べる。

老婆は一人、仮設住宅の四畳半に住んでいた。娘二人を遠くに嫁がせ、旦那は一七年前に死んだという。

「んだら……、ばあちゃん寂しぐねえのが」

「さみしぐねっちゃ」

そう言いながら、その老女はカフェの開店から終わりまでそこにいた。帰り際、また来るから、と声をかける。もう二度と来るな、と言い放たれた。しかし、その場所でカフェを開く時には、必ずその老女は来ていた。たくさんの寂しさをこらえた「さみしぐね」が心に突き刺さる。

傾聴活動は言葉の裏の裏を読み、言葉を発した後の唇の動きに神経を集中させる。そして方言には独特のリズムと文法がある。傾聴活動には方言を翻訳する能力が必要かもしれない。むしろ、方言を共有しているものにしか分からない言語世界があるのだ。

とある震災関係のシンポジウムでとても意地悪な質問を受けた。質問は、精神科の医師でもなく、臨床心理の専門家でもない私たちが、「心のケア」と称して介入するのはいかがなものか、というのが概要だ。それに対し、こう切り返した。

私の住む栗原市は栗駒山の裾野に広がっている。その山から宮城県側に三本の川が流れている。一迫《いちはさま》川、二迫《にのはさま》川、三迫《さんのはさま》川である。その川は耕地を潤し、人々の暮らしを支えながら、やがて北上川に合流し、大河となって石巻市、そして追波湾《おっぱわん》・十三浜《じゅうさんはま》に流れ出る。その水は上流の豊かな栄養を運び、三陸は豊穣の海となるのである。人と物はこの川を利用して行き交っていたのだ。つまり、私たちは彼らと風土・言語・文化を共有しているのである。川上の人間が川下の危機にあたり援助するのは当然のことで、ことさら心のケアということではない。

しかるに、精神科医も臨床心理士も、この地方の方言を理解できるか？　文化はどうだ？　なにか芸能の一つでも知っているか？　信仰のありようはどうだ？　あなたたちは何者で、誰に向き合おうとしているのか？　ここは我々の場所だ。ここは我々に任せ、邪魔だから早々に引き上げてほしい、と。そして続けて、こう語りかけた。まあ、目的は一つ、それぞれの役割があるので、互いに専門性の囲いをはずし、一緒にやりましょうよ。会場のあちこちから笑いが起こる。人々は蛸壺の中に居座る専門家たちの「下心」には、決して心は開かない。専門家たちよ、蛸壺を出でよ！　そこに待っているのは、命をつなぐ北上川と三陸の豊かな海だ。

一一月一一日、ちょうどこの日は、震災から八カ月目の祥月命日。住民さんの中から、ぜひ心を犠牲者に向けたいとの声が上がる。集会所は公共空間である。宗教者が公共空間で儀式をおこなう場合は周囲への配慮が不可欠で、その要望には慎重に対処しなくてはならない。

ちょうどその頃、石巻を中心として活動していたカトリック系支援団体である「カリタスジャパン」の山本シスターがカフェを訪ねていたので、自治会長さんと集まった住人さんの同意を得て、仏教・キリスト教合同の追悼式をおこなう。

仮設住宅でおこなう初めての宗教儀礼である。シスターは短くも心の籠った祈りを、私たちは般若心経を唱える。住人さんにはそれぞれの方法で祈りを捧げてほしいと伝える。祈りと読経の声は何の違和感もなく溶け合い、その場が静謐な時間で満たされた。

そこには岡部健先生と友人の櫻井恭仁さんがいて祈りを共にした。この経験は、後に岡部先生が着想する「臨床宗教師」の、公共空間における宗教協働と倫理について、一つの現場ケースとなった。

極楽マッサージ師の登場

この日、震災前より付き合いのあったマッサージ師佐藤伸也さんがメンバーの一人としてそこにいた。先天的な視覚障がい者で、彼は一度も光を感じたことがない。この大震災の支援に何か関わりたいとの思いを伝えられていたが、私なりに全体の状況を把握するまでは難しい、と待ってもらっていた。想いが先走る支援は逆に妨げになる場合がある。支援は状況を見極め、繊細に進めなければならない。

震災から八カ月。人々は避難所から仮設住宅に移り住み、環境に馴染み始め少しホッとした状況になると、今までの緊張が和らぎ体のこわばりを感じるようになる。そのタイミングで彼を誘ったのだ。

集会所の片隅に座布団を六枚ほど敷き、その上にシーツを被せると、即席のマッサージ台ができあがる。衛生上の配慮から顔を乗せる枕にはタオルを敷いた。伸也さんは目が不自由であるので何かと介助が必要である。マッサージは二人ペアでおこなうようにしている。時には私の妻がその役にあたった。体がほぐれてくると、心にたまったさまざまな想いを語り出す。伸也さんはそれを聴きながら、体を揉み続けていた。ある時、伸也さんと住人さんの会話が耳に入ってきた。

「おれもさ、生まれた時から目が見えなくて苦労してきた。でも皆に助けられて、こうしてボランティアまでしてる。だからさ、あんだも頑張らいん。一人でねえがらっさぁ」

生まれつき目の見えないということを私たちは理解することはできない。彼には山の緑も空の輝きも雪の白さもまったく分からない。視覚以外の感覚器官を駆使して世界を把握する。マッサージ師として鍛えられた指先を通して、その人を理解する。彼の言葉は聴く者を納得させる力強さをもっていた。

ある日、妻がマッサージで使った白いタオルを洗濯しようとしているところに出くわした。よく見ると白いタオル地に黒いシミが二つ付いていた。そのわけを尋ねると、マッサージを受けながら自分の境遇を語り出した方の、溢れた涙がマスカラを溶かし、白いタオルの上に落ちたのだという。

その後、現在までカフェデモンクの「極楽マッサージ師」として行動を共にしている。彼は体をほぐし、私たちは心をほぐし続けた。

河のほとり、北上支所の悲劇――にっこりサンパーク仮設住宅で

心の相談室には、被災地で活動しているさまざまな宗教団体が情報交換に来ていた。ある日、ルーテル教会でボランティアをしている遠藤優子さんから、石巻市北上地区にある「にっこりサンパーク仮設住宅」に行ってほしいとの提案があった。たくさんのお年寄りが身を寄せ合って暮らしており、お坊さんたちが行ったら喜ぶはず、行ってあげて、ということだった。

北上川は、岩手県盛岡市から始まり宮城県石巻市で太平洋に流れ出る東北随一の河川である。その間に奥羽山脈と北上山地から支流が合流し、豊かな水量を誇っている。その水はたびたび下流域に洪水をもたらした。そこで江戸時代に下流の流れを二つに分け、一つの流れは石巻市へ、もう一つの流れを十三浜方向に流し、追波川《おっぱがわ》とする治水工事がおこなわれた。

一五〇世帯ほどの北上にっこりサンパーク仮設住宅は、その追波川下流の小高い丘の上に建設されていた。川向こうには児童の犠牲者を多数出した大川小学校が建っている。

住人のほとんどは十三浜周辺の被災者である。遠藤さんの話の通り、たくさんのお年寄りが集会所の周りの椅子に腰かけ日向ぼっこをしていた。その仮設住宅で石巻市北上支所の悲劇を聞くことになる。

北上支所はその周辺の避難施設になっていた。津波警報が発令され、住人がこの施設を目指して移動を始める。しかし中で誘導していた市の職員は、沖合の津波のただならぬ大きさに気づき、この建物にいては危険なことを感じた。しかし、時すでに遅くそこから避難することはできない。柱をつかみ、互いに手をつなぎ、身を寄せ合って津波をやり過ごそうとした。そこに大津波が襲う。津波の力に敵えるわけもなく、大勢の人が流された。助かった人々は、流されていく人をただ見ているしかなかったという。津波が去り、夜の闇の中には助けを求める人の声が聞こえたが、どうすることもできない。そして翌朝、周囲には遺体が散乱していたという。

集会所で話し込んでいると、大学生のボランティアが呼びにきた。仮設住宅の一室に来てほしいという。仮設住宅の部屋へと向かう。入口を入ってすぐの場所に、仮の仏壇が置いてあった。真新しい位牌、そして笑顔の写真。彼らの娘は、北上支所で職員として住人を避難誘導している最中に津波に呑み込まれた。泥まみれの遺体は一週間後、川岸で見つかった。

供養にと思い短い経文を念じた。後ろを振り返ると、母親が畳に顔をうずめ嗚咽を繰り返す。父親は天井を見上げ必死に涙をこらえていた。

津波てんでんこ

憔悴しきった初老の女性が重い口を開く。彼女は夫と夫の母との三人暮らしだった。義母《はは》はだいぶ前から認知症を発症し、八年前からは寝たきりの状態。

その日も、一人、義母の介護に追われていた。そこに大津波警報。間もなく津波が押し寄せてくるのを感じた彼女は、義母の移動を試みるが、女手では到底不可能だった。防災無線がけたたましく避難を連呼している。外では「逃げろー！」の声。気づいた時には、裏山目指して一人崖を駆け上っていた。

振り返ると大津波が家を押し流している。家と義母は瞬く間に海の底へと引きずり込まれていった。彼女はこの津波で、長年介護してきた義母と、浜で働く夫を失った。義母の遺体はまだ見つかっていない。

「おら、悪い女《おなご》だ！　義母を助けることができなかった」、飲み込むような言葉。虚ろな目。長い沈黙。かける言葉を探すが、見つからない。すると、傍らで話を聞いていた老人が額に皺を寄せながら話しかける。

「なあ、あんだ、津波てんでんこだぁ！　あんだ、津波てんでんこだぁ　自分責めんなぁ」

「津波てんでんこ」。津波が来たら、己の命をまもるため、それぞれがそれぞれの方法で生き延びろ。いにしえより津波が多いこの地方の「防災句」だ。

しかし、もう一つ意味があることに気づいた。それは逝ってしまった命への「鎮魂句」でもあるのだ。安価なヒューマニズムでは到底理解できない自然との折り合いの付け方、生と死を飲み込む作法なのだ。

「んだなぁ、津波てんでんこだからな、津波てんでんこだからなぁ」

彼女はこの言葉を飲み込むように呟いていた。私には逝ってしまった人への祈り、そして自分自身を鎮める言葉に聞こえた。この仮設住宅にはその後、たびたび訪れることになる。

原発二〇キロ圏内で——南相馬市岩屋寺カフェ

坊さんでサーフィンを趣味にしていて太平洋沿岸に詳しい、通称「くさのもの」から情報が入る。彼は普段はいい加減なやつだが、意外にいい情報を持ってくるのだ。福島県南相馬市に知り合いのお坊さんがいて、カフェを受け入れてくれるとのこと。

初めて福島第一原発二〇キロ圏内に入る。津波被災地と違い、建物の破壊はないが、閉ざされたままのコンビニや人気のない家屋が立ち並ぶ、異様な雰囲気を感じた。

一二月一一日は祥月命日。震災から九カ月が経過したことになる。檀家の方々と共に岩屋寺《がんおくじ》本堂で東日本大震災犠牲者への供養をおこなう。カフェは本堂前の石畳の上をお借りした。ケーキと共に「すいとん」を振る舞う。

しかし、集まってきた人々は高齢者が多く、とりわけ子育て世代は放射能の影響を心配し、できるだけ遠くに避難しているという。確かに持参した簡易線量計の示す値は桁が違っているのだ。私たちはもう年だから放射能なんてあまり気にしない、という言葉には簡単にうなずくことができず、いまだに心に残っている。周辺の山野では除染作業が進められていた。そして、集められた汚染土は黒い袋に詰められ、そこかしこの仮置場にうず高く積まれていた。

私たち宗教者はどのように原発事故や、原発を容認せざるを得ない文明社会と向き合えばいいのか。帰りの車はみんな無口だった。

結婚式場のクリスマス会

石巻在住の僧侶で、心の相談室の仲間、木村孝禅師から、開成仮設団地のほぼ中ほどにある結婚式場でクリスマス会を企画してはどうかと提案された。震災で結婚式を挙げるカップルがなくなり休業状態だったのだ。震災関係のイベントを企画すれば収入にもなるだろう、そういう配慮もあった。

早速、川上牧師に相談。持ち前のネットワークで、キリスト教関係者や他のボランティア団体に連絡。お坊さんが企画し、キリスト教支援団体が資金を出すという、被災地ならではのクリスマス会が開催された。

司会は川上牧師。この時とばかりに全国から送られてきたクリスマスプレゼントは、お坊さんがサンタとトナカイに扮して配り歩く。会場には京都の数珠生産組合から送られた数珠が並べられる。腹話術にゲーム。私はトナカイになって、「上を向いて歩こう」をちょっとジャズっぽくアレンジして歌った。ＹＦＯ吉田師はサンタさんになって、沖縄の三線の演奏。そしてプロ歌手の沢知恵さんはピアノを弾きながら熱唱する。会の締め括りは牧師さんによる説教。おそらくほとんどの人はクリスチャンではなかったが、みんな静かにうなずきながら聞いていた。


実はこの後、サプライズを隠していた。それは聖路加国際病院院長である日野原重明先生からのメッセージだった。一カ月ほど前、ラジオカフェデモンクの収録のために上京。病院近くにある虎ノ門のＦＭ収録スタジオで収録をおこなった。番組収録後、クリスマス会を開催することをお話しすると、開成仮設団地の方々へのメッセージを録音してくださったのだった。

「この時期は一年で夜が一番長い時。しかしクリスマスを境に、少しずつ光が増してきます。今は暗闇でも必ず光はやってきます。今年、皆さんには大変な出来事が起こりました。ある人は大切な人を失い、ある人は財産すべてを失いました。しかし、今は暗闇でも必ず光が溢れる日々が戻ってきます。みんなで助け合って、その日が来るのを信じ、祈りましょう」

会場の住人さんはそれぞれの辛い日々を振り返り、スピーカーから流れる先生のメッセージに、ある人は上を向いて目をつぶり、ある人は涙を零しながら聞き入っていた。奇跡のような企画ができたのも、心の相談室での宗教協働の成果であると思う。

二〇一一年最後のカフェデモンク

一二月二七日、開成仮設団地での今年最後のカフェデモンクを開催。岡部先生の案内で、金城学院大学学長柏木哲夫先生が訪問した。柏木先生は淀川キリスト教病院に日本で最初にホスピス病棟を設けた先生で、敬虔なクリスチャンでもある。岡部先生とは旧知の間柄だった。

その頃、石巻の保健師さんたちは被災者のケアに疲れ切っていた。仕事といえども彼女たちも被災者である。被災者が被災者を支援する、そういう構図になっていた。そこで岡部先生が、グリーフケア、スピリチュアルケアの専門家である柏木先生に声をかけたのだった。

カフェデモンク終了後、二〇名ほどの保健師さんが集まり、「悲嘆の人間理解」と題した講義を受ける。しかし、柏木先生ですら被災地のただならぬ雰囲気と、彼女たちから発せられる鬼気迫る現場のリアリティに圧倒されていたという印象だった。翌日はDate fmのスタジオで、ラジオカフェデモンクの収録がおこなわれた。そして柏木先生の放送は翌年一月、思わぬ人の心を動かすことになる。

大晦日、命の年越しそば

この頃になると、少しずつではあるが被災地での活動の仕方も身についてきた。と同時に、メンバーにも疲れが見え始める。しかし、ここでいったん腰を下ろしてしまうと、来年へのモチベーションが落ちてしまう。地元の宗教者の意地とばかりに、一二月三一日は、北上にっこりサンパーク仮設住宅と開成第八仮設団地で「命の年越しそば」をおこなう。東京からは尾角照美《おかくてるみ》さんが、沖縄の友人から託された沖縄蕎麦を持参して参加する。被災地では初めての年越しである。ちょうどこの日、ラジオカフェデモンクでは、一カ月前に収録した日野原重明先生の放送が流れた。

「津波は大切な財産と尊い命を奪いました。この一年さまざまな出来事の中で暮らされました。今夜は大晦日。各地で除夜の鐘が鳴らされます。その鐘を聞きながら、さまざまな想いが去来すると思います。願わくば、年が明け一〇八回目が鳴らされた時、皆さまの心が希望に向かっていることを祈念します」

そしてこの日は、岡部健先生も参加していた。お顔の色から体調のおもわしくない様子が感じ取られた。記念撮影をすると、友人の櫻井さんの運転で仙台に帰っていかれた。そしてこの日が、カフェデモンクに参加した最後の日になってしまった。

そして二〇一二年正月

年が明け、二〇一二年の活動が始まる。正月は当然のことながら、ボランティアや公的支援に携わる人々の活動が希薄になる。しかし、仮設住宅には孤独のうちに正月を過ごす人がいるはずだ。それは、以前活動していた自死防止活動での学びから容易に想像がついた。日本社会は孤立・無縁という社会構造を抱えたまま震災を迎えたのだから。

ただそこにいたかった。そこにいて孤独な人々に、「一人ではない。あなたたちを想う人が、ここにいる」。そうメッセージを伝えたかった。

仮設住宅の個別訪問は、さまざまな問題に直面して自粛されることになるが、この時はまだ許されていた。きっと家から出られない人がいるはずだ。持参したバスケットにケーキとコーヒー、そして小さな花束を入れ、カフェに来た住人さんから情報をいただき、仮設住宅の扉を叩き、新年の挨拶と共に届けた。

浜の老女たち——エロスと慈悲のほとばしり

二〇一二年一月二九日、その日のカフェは唐桑半島《からくわはんとう》の付け根部分の小さな仮設住宅でおこなわれた。私たちが到着すると、すでに数十人ほどの女たちが待っていた。年の頃は七十代から八十代。いつもこの集会所でお茶飲みをしている様子で、すでに場はほぐれている雰囲気だった。

私たちが扉を開けると挨拶もそこそこに、待ってましたとばかりに下ネタが始まる。私たちはいいカモになっているようだ。ここは少し合わせるしかないと腹を決め、その話題に付き合うことにした。しばらくして意識的に普通の日常会話に戻そうとするが、数分後には、許さんとばかりに再び淫靡な話題に巧みに戻し、抜けた歯並びを隠そうともせず、大きな口を開け下品に大笑いをするのだ。

そのようなやり取りにいささかウンザリしていると、三十代ほどの女性が勢いよく扉を開けて飛び込んできた。私の方に転がるように近づくと大きな声で、「今すぐ近くでラジオを聞きました。わたし笑わなくちゃいけないんですよね。笑わなくちゃいけないいんですよね」と言い放ち、畳に突っ伏して泣きじゃくった。浜の女たちは拍子抜けに、何が起こったかというような表情。

彼女はこの震災で両親と自宅を失う。それ以来、通勤の途中には必ず自宅跡で手を合わせるのが日課になっていた。

ラジオ放送は、私たちが被災地に向けて放送していたラジオカフェデモンク。各界の著名人や震災復興に関わる人々が出演し、週に一度、前向きに生きる言葉を放送、そして放送後半には、カフェの開催情報を伝えている。その日、放送で流れたのは、前年一二月二七日に収録した柏木哲夫先生が紹介したドイツの諺だった——「にもかかわらず笑う」。

いつもの場所で祈っていた。ちょうどその時に、この言葉を聞いたのだった。背負いきれないほどの悲しみ、いつ果てることもない苦悩の日々。

「にもかかわらず笑う」

この言葉が彼女の固まった心に突き刺さったのだ。

彼女の事情を知るやいなや、淫靡な言葉で座を盛り上げていた浜の老女たちの態度が一変する。若い女性を取り囲み、口々に慰めの言葉をかけているのだ。ある者は肩を抱き、ある者は手を握る。なんと艶めかしく、なんと慈しみ深い場なのだろうか。浜の老女たちのこなれた死生観、慈悲の迸りを感じた。


その仮設住宅の空間にはさまざまな出来事が混在した。下ネタで命を高ぶらせる女たち。戸惑い翻弄されながら耐える私たち。自宅跡で祈る女性。柏木先生のラジオカフェデモンクの放送。そして先生を通して伝えられたデーケン先生の言葉。それはドイツの諺。それらすべてが一瞬にしてつながり、慈悲の迸りを生んだのだ。

カフェデモンクは解放と寛容の空間。そこにはさまざまな人物が登場し、それぞれの役割を演ずる。大乗初期経典に維摩経《ゆいまきょう》がある。聖徳太子が著した三経義疏《さんきょうぎしょ》の一つの経典。この経典はドラマ仕立てに展開していく。小乗と大乗の違いを鮮明にするために、維摩居士はユーモアに富んだ方法（方便）を弄して、大乗仏教の神髄を表現する。「衆生病むゆえに我病む」で、大乗仏教の基本的な立場を鮮明にし、「維摩の一黙」で、大乗仏教の超越的言語世界を表現する。

経典全体に通じているのは、時空の固定化の排除である。固定から解放された空間には人物や事物がとんでもないタイミングで登場し役割を果たし、そして消えていくのだ。イメージは常に流動性を保ちつつ、一瞬の煌めきのうちにその存在感を示す。インド的思考は時空の固定化を超越するのだ。

カフェモン号大破

二月一五日は、前年に行った南相馬市岩屋寺での二回目のカフェである。南相馬までは東北道と常磐道を乗り継ぎ、距離にして一五〇キロある。その日は夜から朝方にかけて雪が降り続き、二〇センチほどの積雪があったが、幸い日が昇ると溶け始め、道路はシャーベット状になっていた。しかし、そのせいで高速道路では事故が相次ぎ、高速道路を二〇キロほど走ったあたりで、途中から通行止めになっているのを知る。直近のインターで降り、下道を走る。

しばらく走ると、カフェ道具を満載したカフェデモンク号（通称、カフェモン号）に同乗していた次男の金田諦惇（孫悟空諦惇）から電話が入る。どうやらスリップをして道路脇の街路樹に衝突したらしい。急いで逆戻りする。幸い自損事故で、怪我人はなかったけれども、車は車軸が曲がってしまうほどの状況であった。もちろん動かすことはできない。保険会社と連絡を取り、レッカー車などの手配をしてもらう。念のため運転者と次男を病院に行かせた。

岩屋寺にはたくさんの人が集まって来る予定である。この事故を理由に中止することはできない。また、ロンドンタイムス日本支局から取材の依頼があり、すでに彼らは私たちの到着を待っていた。別の車二台に積めるだけのカフェ道具を積み、少し遅れて到着。幸い、その日のカフェに支障はなかった。

私たちにとってこの事故は、自分たちの力の限界と行動範囲を振り返るいい機会となった。それ以来、私たちの活動は原則として、石巻市・登米市・南三陸町・東松島市と定める。

カフェモン号が大破しても活動を止めるわけにはいかない。早速、中古の軽トラックを探し、二代目カフェモン号を走らせる。この時期は被災された方々にとって、とても辛い時期なのだ。三月のその時が近づくにつれ、それぞれがあの場面を思い出し、フラッシュバックを起こす。そして津波で逝ってしまった人が一番近くにいる時期なのだ。仮設住宅には、今まで以上に重々しい雰囲気が漂っていた。

寒さは人の動きを鈍くする。誰も来ないかもしれない。しかし、いつものように「そこにいることに意味がある」と、自分たちに言い聞かせていた。

ロンドンタイムスの取材記事はその後、世界中に拡散し、各国のメディアに取り上げられることになる。

一周忌の追悼行脚――諸法の実相

答えのない問いに苦悶しながら一年が過ぎる。あの時と同じ仲間で一周忌の追悼行脚をおこなう。道を塞いでいた瓦礫は撤去され、自衛隊の姿はない。朝方に積もった春の雪を踏みしめながら、四十九日と同じ行程を歩く。道中には津波で大切な人を失った人々が並び、手を合わせている。私たちに向けられた祈りの視線、合わせた手は小刻みに震えている。

海岸に近づくにつれ、浜から風が吹いて来た。去年は風の中にヘドロと遺体の臭いが入り混じっていたが、今年は違う。風の中に微かに磯の香りがしたのだ。私の後ろにいた川上牧師は讃美歌を歌うのを止め、独り言を言う、「海は再生している」。

そして再び、戸倉海岸に立つ。沖合では小舟から海藻を採っている漁師の姿。再生している、確実に海は再生していたのだ。

全身に再生の風を受け、沸き上がる想い。これが「諸法の実相」なのだ。「山川草木悉皆成仏」、「色即是空」、「空即是色」。探し求めていた神仏の言葉がそこにあった。そして、ありのままを受け入れている自分がいた。

一人称、二人称、三人称の生死を包み込む超人称の生死。津波で破壊された海は、間髪を入れず再生を始めていたことに気づく。破壊と再生、生と死は表裏一体。地上の出来事を包み込む大きな命の源。人は悲しみを抱えたまま、必ず歩き出すことができる。そう確信した。

震災の夜の星空を見ながら感じた「はるか宇宙の彼方からの視線」。被災地での出来事や人々の慟哭を、暖かくそして冷静に見つめる視線。その視線を活動の中心に据えた。

春の雪

三月四日、東北新幹線くりこま高原駅に、奈良県在住の尼僧でシンガーソングライター、やなせななさんを迎えに行く。曹洞宗宮城県第一七教区主催の「東日本大震災 追悼と復興への集い」で歌ってもらうためだ。彼女とは震災三カ月後、車にＰＡを積み栗原市内の二次避難所や県南の避難所を巡回した。

久しぶりの再会を喜び、その後の様子などの話がひと段落すると、おもむろにカバンから真新しいケースに入ったＣＤを差し出した。今朝、奈良を出発するまで制作していたという新曲。まだ誰にも聞かせていない。ＣＤには手書きで、「春の雪」と書いてあった。早速、車載のＣＤプレイヤーにセットし、静かにボリュームを上げる。

今にも君がその扉を開けて
「ただいま」って笑顔で帰って来るような気がした
見つめる先に広がるふるさとの海
あの日と同じように降る春の雪

いつもと変わらずテーブルをはさんで
何を食べていたのかさえもう忘れてしまった
つけっぱなしのテレビから流れていたのは
底抜けに明るいコメディアンの笑い声

ずっとずっとそんないとおしい日々が
当たり前のように続くと思ってた
最後になるってわかっていたなら
話したいこと　たくさん　たくさんあったのに
見つめる先にもう君はいない
あの日とおなじように春が訪れても

流されて消えた街の中にたたずみ
どこを歩いて来たのかさえ　もうわからなくなった
やっと見つけた君の生きていた証に
涙は流れなかった　信じたくもなかった

そっと　そっと手を合わせ見送っても
さよならなんて言えない　言えないよ

今でも君に想いは届くかな
ことばをからだをすべて失っても
見つめてわたしを　どんなに遠く離れても
ここでひとり生きているから

今君が　わたしの心に
「ただいま」って笑顔で帰って来る
見つめる先に眠るいくつものいのち
おかえりとこたえたくなるように降る　春の雪

おかえりとこたえるように降る　春の雪
（作詞作曲：やなせ　なな）

歌を聴きながら想いを巡らせた。三月一一日の夜、津波で凍えた大地に降った無情の雪。その後、被災地を覆いつくした満天の星空。四十九日行脚の道に散乱していた家族の写真。一周忌行脚の道ばたで、震える手を合わせていた人々の姿。その歌には、人々のさまざまな想いを引き出す力があった。

被災された方々を前に歌えなくなった半年前。彼女なら必ずこの出来事を歌にする日が来ると確信していた。そしてその確信は現実のものとなったのだ。

第Ⅱ章　生と死と

永平寺へ——修行の旅立ち

震災の年、長男は駒澤大学三年生に在学しており、学生のうちにとインド仏跡参拝旅行をしていた。インドからの帰路、シンガポール空港で震災の第一報を聞いた。混乱する空の便を乗り継ぎ、羽田空港にたどり着く。そして新幹線が再開するのを待って帰山した。

二〇一二年四月からは最終学年。ゼミはインドの仏教論書『倶舎論《くしゃろん》』を想定していたが、被災地で活動する僧侶や牧師などの宗教者の姿に強い刺激を受け、急遽「仏教者の社会活動」に変更し、学位を取った。寺の跡継ぎである長男は卒業後、永平寺安居を決めていた。

永平寺は二月一五日から新しい雲水を受け入れる。長男と相談し、寺出発を三月一二日、永平寺上山を三月一四日に決めた。三月一一日、私たちがおこなう一周忌追悼行脚をサポートし、翌日一二日に出発という日程である。新幹線で永平寺に向け出発する間際に、こう諭した。

被災地にはカフェデモンクの仲間たちが向き合う。今後一切こちらのことには気持ちを向けるな。ただひたすらに七五〇年の仏祖の時空に身を委ねよ。君たち雲水が黙々と修行しているから、私たちは被災地に向き合うことができるのだ。本山と被災地は大きな輪でつながっているのだ。

彼はうなずき、被災地を後にした。入山の朝、宿泊した宿の主人が参道を歩く後ろ姿を写真に収めて送ってくれた。参道には雪が積もり、古仏の時空へと吸い寄せられる一人の雲水の姿がそこにあった。

永平寺、そこは世間のざわめきとは隔絶した古仏の世界。私たちは被災地で活動し、長男は二年間、仏祖正伝の修行生活に入ることになる。

そしてその時、四十九日行脚の出発場所にした南三陸町戸倉海蔵寺で、やがて永平寺の雲水として重要な儀式をおこなうことになるとは想像だにしていなかった。

折り紙

一年が経過すると、ほとんどの人が仮設住宅やみなし仮設住宅に移り住み、また半壊した家を修理して日常を過ごすことになった。狭くて不自由でも、避難所よりはプライベートは守られる。しかし、震災によって受けたダメージは人それぞれである。その差異が少しずつ顕著になり、傾聴活動もそれに合わせた繊細さが求められてくる。また、少し緊張が緩み始め、さらに、私たち自身が仮設住宅という空間に馴染んできたという頃合いを感じ取り、手作業をしながらの傾聴活動に移行していった。

及川靖丈《おいかわせいじょう》師はどこで覚えたか、折り紙が得意であった。色とりどりの折り紙を用意し、折り紙としては少し難しい蓮の花の折り方を教え始める。女性ばかりかと思いきや、男性もそれに混じって真剣に折っていた。蓮の花は仏教の象徴であり、亡き人がその蓮の花びらに乗って往生するという。住人さんは、他愛のないおしゃべりをしながら手を動かす。ほんの一時、辛さを忘れ、リラックスする瞬間だ。

しかし、私たちは折り紙を教えに来ているのではない。他愛のない会話から滴り落ちる魂の言葉を敏感に聴き分け、拾い集め、丁寧に、そしてそれとなく投げ返し、悲しみの中心点へと共に向かっていく。

ある七〇歳ほどの女性が水色の折り紙で蓮の花を折り始めた。お手伝いをしながら少しずつ距離を縮める。すると、おもむろに語り出した。津波で夫を失ったという。子供は東京で事業に成功し、家族と共に暮らしていた。震災後一人暮らしとなった母を案じ、東京で同居することを提案し、一時は東京で暮らした。しかし、自然の豊かな石巻から東京へ行き同居することは不可能に近い。やがて二カ月ほどで石巻に戻り、仮設住宅へと入居する。息子は母を案じ、毎週のように通うこととなった。東京での仕事と母親の世話の往復の中で疲労は限度を越し、脳血管が破裂してしまった。一命は取り留めたものの、意識不明。植物状態になってしまった。

夫の死と長男の出来事を前に一人悶々と苦しんでいた。聴けば近くに妹がいるという。しかし妹も被災者。この時期はそれぞれに気を遣い、身内といえども気軽に相談できる状態ではなかった。傾聴活動ではこちらから答えを用意することは極力しない。とはいえ、場合によっては臨機応変な応答が求められる。相談することを強く勧めた。

次に訪れた時は、私たちの到着前から集会所で待っていた。妹に想いを打ち明けたというのだ。妹からは一人で悩んでいたことを諌められたという。それからは何かにつけ相談しているとのことだった。前回とは違い心なしか声に明るさを感じた。

帰る間際、ふと腕に目をやると男物の腕時計。津波に襲われた時、夫が着けていたのだという。時計は津波到達時刻で止まっていたが、修理し再び時を刻み始める。彼女の未来への物語が少しずつ動き出したのだ。

灯籠流し――大きな命の源へ

春の彼岸が過ぎ、東北に遅い春が訪れた。糠塚《ぬかづか》仮設団地は石巻市街から少し離れた旧河南《かなん》町の田んぼの中に建っていた。この日は、千葉から篠原悦一老師がやって来る。昨年七月以来の訪問だ。

カフェの入口に並べられた小さな石地蔵の前で佇んでいる老人がいた。一つ欲しいとのこと。この地蔵は宮城県川崎町で石工を営む「石神彫刻工房」の平泉正司さんから、被災された方々に届けてほしいと預かったもの。大切な人を失った人が望んだら差し上げていた。微笑んだ石仏の顔をじっと見つめる顔から悲しい物語を感じ取り、誰かに似ているのですか、と語りかけた。そして老人はポツポツと語り始める。

二〇一一年二月、その家は喜びに溢れていた。娘が出産のために帰省。女の子が誕生したという。初孫の誕生に老夫婦は喜び、未来への希望に満ちあふれていた。

そして三月一一日。大地震の後に襲った大津波は、老人の妻と娘そして初孫を奪う。たった一人残された老人は仮設住宅の四畳半で暮らす。遅い起床。独りぼっちの食事。そして半日はゴルフの打ちっ放しへ通う。ボールの行方などどうでもいい。弾道の定まらないボールをひたすら打ち続けた。やるせない気持ちが痛いほど伝わってきた。

しかし悲しみの日々の中、一つ救われたことがあるといって語り始める。

八月一日は石巻の川開き。灯籠流しと大花火大会で、開港と亡き人を偲ぶ、そのような祭りだ。震災のため一時は開催が危ぶまれたが、全国からの支援により開催された。

この夏は初盆。老人は三つの灯火を海へ流す。灯火は風と波にもまれ、それぞれの方向へと流れてゆく。しかし、しばらくすると少しずつその距離は縮まり、やがて三つの灯火は寄り添うように一つの塊となり、波の彼方へと消えていったという。

そして老人は、三つの命の灯火は大きな命の中に還り、あちらの世界でも三人一緒に暮らしていることを確信したという。伝統行事には人の心を別次元の世界に向けさせる力があるのだ。

この老人とは一年後に別の仮設住宅で会うことになる。事情により転居したという。老人は私のことは忘れていたが、私はすぐ気がついた。声をかけるとちょっと驚いた様子だった。灯籠流しの話はとても大切にしていることを伝えると、少しだけ微笑んだ。

その後の暮らしぶりを聞く。今はもうゴルフの打ちっ放しはせず、趣味は日本刀の収集だという。驚いてそのわけを尋ねる。八月一日、一つになった灯火は、あちらの世界で仲良く暮らしていることを確信させた。しかし時々心が折れそうになる時がある。そのような時は真剣を抜き、その刃先を見ながらぐらつく心を持ち直しているのだという。

悲しみは決して乗り越えられるものではない。重い荷物を背負い、ふらふらと揺れ動きながら歩み、未来の物語に織り込んでいくのだろう。そして私たちは、その揺れる心と同期しながら、行きつ戻りつの道のりを伴走していくのだ。

遺体のない「曖昧な死」

登米市横山仮設住宅には南三陸町からの避難者が住んでいた。登米市横山地区を一山超えると戸倉海岸がある。四十九日追悼行脚で立った海岸だ。

比較的早くできた仮設住宅だったが、集会所の建設が遅れ、社会福祉協議会の支援センターでのカフェとなった。震災の年に幾度か訪問をしたが、その頃の活動は多くのボランティアが関わりイベント的な要素が強かった。しかし、事態が少しずつ落ち着きを取り戻しつつある今は、本来の傾聴移動喫茶の活動に移行していた。

この頃は、横山仮設住宅から志津川に通い自宅の再建や仕事に通っている人が多く、日中は仕事をリタイアした方や、もう漁師に戻れない方々が日を送っていた。

そのカフェに一人の老女が来た。時折笑顔を見せるが、心の底からの笑いではない。注意深く距離を縮めながら話を聴く。夫が津波に流され一年余り経っても、まだ遺体が見つからないという。遺体のない曖昧な死。人はどんな姿でもいい、とにかくその人が死んだという証拠がほしいのだ。そこから死を受け入れ、そして未来へと進んでいく。

倫理的な配慮からこちらから差し上げるということはしなかったが、この時ばかりは、こちらから石地蔵を、旦那さんの代わりにと差し上げた。彼女は両手に地蔵を握りしめ、そして胸に抱いた。

数日後、不思議な出来事があった。私の父が東北新幹線くりこま高原駅でその老女に声をかけられたというのだ。顔が似ているので私の父であると直感し、思わず声をかけたという。そして、なんとあの次の日、夫の遺体が見つかったというのだ。一年を経過すると遺体はＤＮＡでの確認となる。私に伝えてほしいとのことだった。

偶然と言えばそれまでだが、不思議な力を感じた。私の脳裏には老女の安堵の笑顔が浮かんだ。そして、どうか前に向かって生きていってほしい、そう祈った。

魂の響き——南部神楽

宮城・岩手・秋田の三県にまたがってそびえる栗駒山。私の住む栗原市民にとって母なる山だ。宮城県側では三本の川が大地を潤し、やがて北上川へと合流する。北上川は石巻市の手前で二手に分かれ、一つは石巻湾に、一つは追波川となって十三浜に流れ込む。古えより川を使って人と物は行き交い、文化や宗教が伝えられた。

栗駒山の入口に高さ四〇〇メートルほどの自鏡山《じきょうさん》という山がある。かつてそこは修験道の聖地だった。そこを発祥の地とするのが南部神楽《なんぶかぐら》である。その神楽は川に沿って十三浜大室《おおむろ》地区に伝わり、毎年五月、大室漁港の山神社例大祭に奉納される。しかし、津波によって祭り道具は流され、震災の年の祭りは中止になった。それでも復興させたい思いは周囲を動かす。神楽面は栗原市岩ケ崎の彫師が、また衣装は東京の支援者が制作し、震災の翌年二〇一二年五月に再開する。

この大室南部神楽の世話役は鈴木清三氏。彼の娘は石巻市北上支所で避難してきた人と共に流された。遺体は一週間後、泥の中で発見された。一年ほど前、にっこりサンパーク仮設住宅でおこなったカフェデモンクの折、鈴木さん夫婦が住む部屋を訪問。部屋には仏壇が置かれ、中央には娘さんの写真と位牌が置かれていた。線香を捧げ短い経文を唱えると母親は畳に伏して号泣していたが、彼は天井を見上げ必死に涙をこらえていた。

祭りの始まりを告げる呼び太鼓は清三さんが打った。この太鼓は間違いなく私が子供の頃から親しんだ南部神楽の響きだった。太鼓の響きは、心の奥底に沈殿したさまざまな思いを意識の表層へと押し上げ、めったに感情を表に出さない浜の男は号泣していた。魂の響き南部神楽。太鼓の響きは力強く未来への物語を後押ししていた。

一輪の花

海岸からかなり奥まった小高い丘の上にある仮設住宅には、二〇戸ほどの仮設住宅に六〇人ほどが肩を寄せ合って暮らしていた。そこに一人で暮らす三十代の女性は、津波で両親と祖母を失ってしまう。大きな屋敷も跡形もなく海へと消えた。

震災前、父の反対を押し切って結婚。しかしその結婚も数年ほどでうまくいかなくなり、実家に戻る。そしてあの大津波。父との関係を修復することなくお別れをしてしまったのが、とても心残りだと嘆いていた。心を患い、週に一度の病院通い、訪問するたびに父への思いを語っていた。

ある時「私もう大丈夫」というメールがくる、——「父が大切にしていた花壇。海水を被ってもう花が咲かないと思っていたけど、この春にたった一本だけ花が咲いたの。私、それを見た瞬間、父とここで生きていくと決心したの。だから、私もう大丈夫」。

一本の花が凍り付いた時間軸と空間軸を溶かし、未来への物語が再び動き出していく。

悲しみを引き寄せる力

私たちの活動が、宗教・宗派の枠組みを越えた活動として知られるようになると、さまざまな宗教者が訪れるようになった。キリスト教メリノール宣教会のシスター、キャサリン・ライリーもその一人だった。この宗派のシスターはベールを被らず、胸に十字架のペンダントをしている、いたってシンプルな佇まいが印象的だ。

その日のカフェは、石巻市南境《みなみさかい》仮設住宅の小さな集会所でおこなわれた。私がある若い母親と話し込んでいる時に、彼女はふいに現れた。この母親は津波で小学校二年生の娘を失った。あの日、津波警報が出され、娘が通う小学校に急いで迎えに行った。娘と共に車に向かうちょうどその時に、津波が押し寄せ、目の前で娘は流されていった。

流されていく時の顔が忘れられないと、苦悶の表情で語っていた。掛ける言葉が見つからず沈黙が続いていたその時に、彼女が入ってきたのだった。私と母親のただならぬ表情と雰囲気を感じ取ったのか、シスターは母親に近づき、母親はシスターに近づき、どちらからともなく抱擁したのだった。母親はシスターの胸で泣いた。

彼女の佇まいに「悲しみを引き寄せる力」を感じ取った。これは、テクニックやマニュアルをはるかに超えた、宗教者としてのメタスキルかもしれない。

シスターキャサリンは、日本に住んでもう四〇年になる。来日直後から鎌倉三雲禅堂《さんうんぜんどう》の山田耕雲《やまだこううん》老師に禅の指導を受ける。ちょうどこの頃、第二バチカン公会議を契機に東西霊性交流が始まり、カトリック系の神父やシスターが禅の瞑想方法を積極的に学び取り入れた時期である。

彼女は社会活動にも積極的に関わり、ネグレクトされる子供たち、アルコール依存症、日雇い労働者のサポートに取り組んできた。また、国立がん研究センター中央病院の小児科でカウンセラーに従事していた。

毎朝の坐禅を欠かさないという。また、朝から夜まで集中的に坐禅をおこなう「接心」にも、幾度となく参加していた。彼女と話をしていると、なぜか昔からの知り合いのような錯覚におちいってしまう。人はある一定の距離（プライベートゾーン）を保ちながら人と接するものだ。しかし、彼女はそのプライベートゾーンを簡単に超えてくる。その力は禅の瞑想によって培われた透明感なのかもしれない。

「金田さんは曹洞宗の僧侶、今日は坐ってきましたか」といたずらっぽい眼差しで問われた。「最近はこの通り活動に忙しく、坐ってない」と答えると、「ダメです。どんな時でも坐らなくては！」と叱責を受ける。

シスターとは、なぜか気が合うようだ。たびたび私たちのカフェを訪れた。シスターの周りには、すぐ人が集まる。実に不思議な人だ。ある日、仙台のジャズ喫茶でカフェをしている時、体調が悪いにも関わらず、「金田さんに会いたい」と、無理をしてやって来たことがあった。

その日はたまたま、フィギュアスケートの羽生結弦選手の凱旋パレードの日だった。混雑が予想されたので少し早めにカフェを開店。しばらくすると、いくぶんふらふら歩きのシスターが現れ、私たちは久しぶりの再会に、握手し抱擁を交わした。シスターに「渋滞に巻き込まれませんでしたか」と聞くと、「えっ？」と不思議そうな顔。「今日は羽生選手の凱旋パレードがすぐ近くであるんですよ」と答えると、「えっ、そうなの！　それは早く見に行かなくちゃ」と目を輝かせ、街へと出ていった。

シスター……あなたは私に会いに来たのではないですか……。シスターキャサリンはそういう人なのだ。悲しみを引き寄せるすごい力を持っているのに、心はいつも少女のようにときめいている。大人であって少女のシスター。だから人はこの人の周りに集まってくるのだろう。

岡部健先生と臨床宗教師養成プロジェクト

この未曾有の震災は、多くの人の命を奪い、たくさんの財産が失われた。生き残った人々は、現実の前に心が動かなくなり、さまよい続けている。また、福島第一原発事故は、私たちに文明のありさまとその危うさを突き付けた。

しかし一方でこの震災を契機に新たな動きもあった。その一つが「臨床宗教師」の養成である。これは震災を契機に医療と宗教が化学反応を起こしたといってもよいだろう。いや原点回帰とでもいうべきか……。そしてこの頃から、本格的な臨床宗教師養成プロジェクトが動き出す。

二〇一二年四月七日、最初の会議がおこなわれ、臨床宗教師の基本理念をまとめる。この会議には、心の相談室の主要メンバー、岡部健室長、鈴木岩弓事務局長、東北ヘルプ川上直哉牧師、井形花英《いがたはなえ》牧師、ルーテル教会伊藤文雄牧師、金田諦應、三浦正恵師、木村孝禅師、谷山洋三師、高橋原《たかはしはら》氏、桜井恭仁氏、東札幌病院から小西達也氏が参加した。

在宅緩和ケアと看取りの中で

その中心的な役割を担ったのは、在宅緩和ケアの医師岡部健先生だ。養成講座の発足には医療者岡部健の強い思いがあった。

岡部先生は栃木県生まれ。東北大学医学部卒業。静岡県立総合病院呼吸器外科医長や宮城県立成人病センター呼吸器科医長を歴任する。その頃は肺移植の研究に没頭していたという。

この病院に勤務している時、緩和ケア病棟に入院していた若い女性の患者さんの「家に帰りたい」という思いを叶えてあげようと、ボランティアで関わり、望み通り自宅で看取る。穏やかな看取りだった。この出来事がその後の医療者としての姿勢を大きく変える出来事となった。

それから六年後、入院施設のない、完全な在宅緩和ケア医療施設「岡部医院」を開業する。その後、医療法人社団「爽秋会岡部医院」として仙台圏や福島でも在宅医療事業を拡大していく。

岡部先生は在宅緩和ケアをする中で、このような問いに向き合った。

「二〇年近く、在宅での緩和ケアと看取りの支援に取り組んできた。終末期の患者さんに接して、どうしてもスピリチュアル（霊的）な悩みにお応えすることが大切であると感じていましたが、それは医師の領域を越えるもので、どのように対処してよいか悩んでいた」と。

「お迎え現象」

在宅緩和ケアの医師として「看取り」を単に医療からだけではなく、文化・宗教・風土から捉え直す試みを始める。そのアプローチは「お迎え現象」の研究となって結実する。エビデンスを大切にする医療者らしく、社会学・宗教学・統計学の手法を駆使し、在宅で看取りをした家族の聞き取り調査を始める。「終末期に『お迎え現象』があったか」、「終末期の様子」などを丹念に集計し、一つの結論を得る。

「おおよそ五〇パーセントくらいの方にお迎え現象があって、その後に穏やかな死を迎えられた」という調査結果を分析し実証していく。

そしてそのことは、先生が亡くなる年、二〇一二年七月にNHK番組「クローズアップ現代」で「天国からのお迎え～穏やかな看取りとは～」と題して、その取り組みが放送された。残念ながら、そのとき岡部先生は、ガンの進行により番組に出演できる状態ではなかった。代わりに出演されたのは、東京大学名誉教授大井玄《おおいげん》先生だった。

NHKとしては、従来このような切り口での番組制作は稀であったが、しかし社会学的手法による統計と、そして何よりも超高齢多死社会を迎え、さまざまな「クオリティ・オブ・ダイイング」を社会が求めているということが、多少なりとも働いたのかと思う。

「お迎え現象」というのは、死の前に見られる現象。他人には見えない人の存在や風景について語ること。医学的には幻覚とか幻聴、譫妄《せんもう》といわれ、たいがいは精神科医や臨床心理士が介入し、投薬という処置をされることが多いという。

お迎え現象には、既に亡くなった家族や懐かしい友達、ペット等が現れることが多く、必ずしも苦痛を伴わないことが多いという。事実、私たち僧侶が、亡くなった直後におこなう枕経の時、お迎えについてさりげなく聞くと、「ああ、そう言えば、じいちゃんが亡くなる一週間前に、親しい友人が来てるって、そういうこと言ってたなあ」というような答えが返ってくることがしばしばある。

お迎え現象から何を学べたか。それは、お迎えが来て訪れる穏やかな死があり得るということだった。東北地方では死と生（生と死）が連続するという感覚が強く残っており、この現象はその感覚に支えられていること。「死ぬ」は怖いが、「逝く」は受け止められるということ。それがお迎えとして表現されていること。

しかし、病院の中で調べた時には「お迎え現象」は特に少ないことが分かった。おそらくお迎え現象を受け止める文化力が病院の中では崩壊しており、逆に自分が今まで住み慣れた地域、場所にいて、親しい人と交わりながら、死に向かっていく人にお迎え現象が多い、と結論付ける。在宅緩和ケアの医師である岡部先生が、病院の中よりも在宅に力を注いだ理由はそこにあったのだ。

現在、厚労省が医療費等の関係で、在宅にシフトさせていく流れを作っているが、それは医療制度の破綻を防ぐという大前提からで、「質の高い死」という発想ではなく、あくまで採算が前提であり岡部先生の視点とはまるで異なる。

タナトロジー研究会の設立と余命宣告

「看取り」や「終末期医療」を単に医療だけでなく、人文科学の領域からアプローチを試みるべく、「タナトロジー研究会」を設立する。この研究会では、人間の「生と死」にまつわる問題について、宗教学・哲学・倫理学・民俗学・人類学などの分野から学際的に研究する。研究会には、医療者、宗教者、福祉関係者、哲学者、倫理学者など、さまざまな人々を巻き込む。先述のように、岡部先生との最初の出会いはこの研究会であった。

そして、今後の在宅緩和ケアの課題として見出したことは、「死が医療の囲い込みから解き放たれ、非医療者の手元に戻ること」、「病院死から地域社会の看取りへ。医療者にお任せしていた歴史と決別すること」、「受け皿になる文化、宗教性を再構築すること」であった。

しかしその直後、二〇一〇年にガンを発症。余命宣告を受ける。

「生の反対側には、一筋の道も一灯の道標もなく、真っ暗な闇が広がっているばかりでした」、「死へ降りていく道標が見えない。暗闇に落ちていく感覚。個人の中のビリーフ（belief）＝信念の変化。一方通行の告知。医師は知っていることはすべて伝えるが、患者は感じていることを伝えられない。死にゆく人の道標がほしい」という想いが湧き起こる。

大震災——命に向き合う

そして翌年二〇一一年三月一一日、東日本大震災が起こる。以後、大震災の被災地と、自らの命とに向き合うことになる。

「荒浜海岸の被災地に立った時に感じたのは、合理的にものを考えられる場所も空間も時間もない、まるで空襲で爆撃を受けたような状況だった。そこに自分の身を曝けだしたら、ああ、人間というのは大きな存在にぶら下がって生きているんだ。個人が集合すると人間になるのではなく、実は逆なんじゃないかなと思った。この想いは考えて得たものではない。ふと湧きあがり、あっそうかと、からだにストンと落ちてきた。あの場では、ものを考えるはずの自我そのものが破綻していた」

岡部医院で看護師として働いていたYさんが津波で亡くなる。利用者宅を巡回し、帰る途中で大地震、津波到来の防災無線が鳴り響く。すぐ利用者宅へ引き返し、二階に避難させている途中で津波に呑み込まれる。利用者は一命を取り留めた。

この出来事を契機に、「人間の命」の意味について究極のところまで自分を問い詰めていく。そして、「個人の命と考えていたものが、じつは、群れの命、自然の中の命であることを思い知らされる。破綻した時に何が人間の心を支えられたのかといったら、人間とは大きな命につながっているものなんだ。おれが死ぬなんてことは、本当にちっぽけなことなんだ、ということがリアルな感覚として、自らの中から湧いて出てきた」。そういう境地に入っていく。

交叉する物語

そして、ちょうどその頃、私たち宗教者は、遺体とヘドロの臭いの中を歩き、津波で破壊された海の前に佇み、神仏の姿を見失っていたのだった。そしてそこから別々に歩んできた人々の中で物語が交叉し始める。

津波が去った夕暮れの時、砂浜にうち寄せられた多くの遺体を避けながら、一人の男がよろよろと歩いてくる。反対側から歩いてきた旅の僧侶とすれ違う。そして、どちらからともなく立ち止まり、振り返る。

僧が問う、「なにかお苦しいことでもあるのですか」
男が語る、「死への道しるべを探しています」
男が問う、「御坊はどちらへ行かれますか」
僧が語る、「じつは私も、仏の姿を見失ったのです」

そして、二人はヘドロと遺体の臭いが漂う中、その答えを探して歩き始める。砂浜には二人の足跡が続く。それはやがて、一つの足跡になっていく。
あたりは暗闇に包まれ、天空には無数の星が輝き始めた。

カフェデモンクと岡部健先生

二〇一一年五月、東日本大震災に対応しようと、岡部先生などの医療者、牧師、僧侶、東北大学研究者と協働して、「心の相談室」が立ち上がる。傾聴移動喫茶「カフェデモンク」も緩やかに連携した。岡部先生には相談室室長に就いていただく。事務局が東北大学大学院に置かれ、鈴木岩弓先生が事務局を担った。

おのれの命と向き合いながら、幾度となくカフェデモンクに同行。その姿は鬼気迫るものがあった。しかしその視線は限りなく冷静であり、カフェデモンクの傾聴空間で、動かなくなった心、破壊され凍り付いた時間と空間が、ふたたび動き出し物語が紡がれていく様子を観察していた。周到に〝場〟が作られ、そしてユーモア・遊び心で〝場〟がほぐされる。入口にさり気なく置かれた、この地方の精神風土から生まれた「宗教的資源」。瓦礫の中にホッとする空間が生まれ、そして固まってしまった物語が未来に向かって動き出す。

握り地蔵は奥底にこびり付いた感情を呼び覚まし、位牌の前では命のつながりを語り出す。津波で亡くなった妻・娘・孫の三つの灯籠が、沖で一つの塊となって消えていったのを見て、大きな命の輪の中で仲良く暮らしていることを確信した老人。津波で亡くなった父が残した花壇に、ある日一輪の花が咲いたのを見て、この場所で父と共に暮らすことを決心した女性。

人は未来への物語を創造する能力、大きな命の源につながる能力をもっており、魂の救済（ケア）の方法は、その土地の歴史や精神風土から生み出されたさまざまな文化の中にあることを確信する。


言葉にならない微かな唇の動きに全感覚を研ぎ澄ませ、紡がれた物語を全身で受け止めて、そして現場から立ち上がる言葉を通して自らの信仰心を深めていく。教養と現場の間を往復しながら自らの信仰が深められていく姿。

「あいつらはすごい。年齢からいうと、おれの方がはるかに上だし、人生経験も長い。だけど、死別の悲しみ・苦しみをおれに話さないで、若い僧侶に訴えている。若い僧侶は答えのない問いに苦悶しながら、じっと耳を傾け何時間でも話を聴いている」

東北という精神風土の中で了解された僧侶（宗教者）の役割に気づき、そして看取りの負のエネルギーを、祈りの力で自然界に方散する力をもっていることを確信する。


「在宅での看取りができるかどうかは、宮沢賢治の『南に死にそうな人あれば、行って怖がらなくてもいいと言い……』という一言を、我々が言えるかどうかにかかっています。我々はあの一言を本当に患者さんに言えているでしょうか。生の世界を引き延ばす話ではなく、『怖がらなくてもよい』という道標を立てることができているでしょうか」

「あの世を語れない医療従事者に、あの世を信じている人の看取りはできるのか」、問いは急速に焦点が定まり始め、一つの答えに辿りつく、――「宗教者とタッグを組みたい」。

そして残り少ない命を「臨床宗教師」の育成に傾けることになる。「死が医療の囲い込みから解き放たれて、非医療者の手許に戻る。医療に携わらない人たちの手に戻ること」、「患者が地域に戻り、病院死から地域社会の看取りへと移行していくこと」に理想を設定。そして「受け皿になる文化、宗教性の重要性を再認識し、再構築すること」を目指していく。

以後、幾度となく会議が開かれ、やがて臨床宗教師養成の原型ができあがる。

臨床宗教師養成の理念

①社会資源としての地域文化、宗教性の重要性をもう一回再認識する。
②医療と宗教の壁を取り払う。
③宗教者が霊的ケアのプロであることを再認識する。
④社会資源としての宗教を緩和ケアに取り入れる。そして、死にゆく場を共有する中で、文化系諸学問、宗教家、医療・福祉の専門職が、看取りの「場」作りの協働作業をおこなう。

そして、曹洞宗、東西本願寺、日本キリスト教団など、それぞれが立ち上げるプロジェクトではなく、

①個々の宗教・宗派を超えたプロジェクトであること
②布教や営利活動の誤解を排除すること
③臨床宗教師的な活動によって教団を利するというようなことは一切排除すること
④異なる宗派でも必要とされるケアを届けること
⑤さらに言うと、「教団や教義という枠組みがなくなっても、人々の苦悩の中に立ち続けるこ

とのできる宗教者」を育てること
そのようなプロジェクトであることを確認する。

岡部先生が遺した大きな功績は、看取りの医療を「文化・風土・宗教」という視点で捉えなおしたこと、「臨床宗教師」という社会資源を着想したこと、この二点にまとめられるだろう。この理念は後に設立された「日本臨床宗教師会設立趣意書」へと受け継がれていく。

○臨床宗教師とは、被災地や医療機関、福祉施設などの公共空間で、心のケアを提供する宗教者である。
○臨床宗教師は、布教・伝道を目的とせずに、相手の価値観、人生観、信仰を尊重しながら、宗教者としての経験を活かして、苦悩や悲嘆を抱える人々に寄り添う。
○さまざまな専門職とチームを組み、宗教者として全存在をかけて、人々の苦悩や悲嘆に向き合い、かけがえのない物語をあるがままに受け止め、そこから感じ取られるケア対象者の宗教性を尊重し、「スピリチュアルケア」と「宗教的ケア」をおこなう。

講座設置大学と資金調達

この構想を実現するためには相当の費用が必要である。と同時に、どの大学に養成講座を設置するかが問題となる。

ファンドレージングチームを立ち上げ、あらゆる分野のファンドに呼びかけ、資金調達に奔走する。大震災の時は世界中のあらゆる資金が動く。それを上手に利用し、とりあえずスタートさせる資金の目途が立った。とはいえ、潤沢な資金によって二年、三年と継続できるだけの金額ではない。講座を運営しながら一方で資金調達を継続するという、綱渡り状態の寄附講座であった。

講座の設置大学が問題となる。理念として教団や宗派を超えたものにしなくてはいけない。仙台には曹洞宗系で東北福祉大学、キリスト教系で東北学院大学、宮城学院大学、尚絅学院大学などがある。しかしそれでは、仏教・キリスト教のどちらかに偏ってしまう危険性がある。

そこで、公の資金で運営されている東北大学にその可能性を探る。東北大学は、宗教的背景を持たないだけでなく、長い歴史と実績を持つ「宗教学科」があった。宗教学はどの宗教に対しても中立の立場をとる学問である。そういう性格がある国立大学に寄附講座を設けるということは、宗教の中立性を最も担保し、社会に対しても説得力がある。

そして鈴木岩弓先生の努力もあり、東北大学大学院に「実践宗教学寄附講座」という名称で講座が設置されることになった。これが曹洞宗を母体とする東北福祉大学や、キリスト教系の東北学院大学などに設置されたならば、その後これほどの影響力はなかったように思う。また、その後のメディアなどに取り上げられる頻度から見て、このような社会資源としての宗教者に対する期待が社会の底辺にあったような気がする。

二〇一二年一〇月を第一回目の講座と定め、早急に講座開設の準備に入る。しかし、いまだかつて超宗教・超宗派の宗教者を一同に対象にした養成は経験がない。欧米の「チャプレン教育」を参考にして、養成方法についても試行錯誤を繰り返しながらバージョンアップしていくことにした。

岡部先生はこの状況にとても喜んだ。しかし、そのとき呟いた言葉が忘れられない、「やっと一〇月に講座が開講される。しかし、その時おれはもうこの世にいないだろうな……」。その言葉通り岡部先生は九月二七日、第一回講座開講を待たずに旅立っていった。私たちに大きな課題を残して。

被災地の桜の下で——お花見茶会

カフェデモンクの傾聴活動は、臨床宗教師養成準備と並行して活発になっていった。むしろ私にとっての最優先は現場での活動であった。

開成仮設団地で本格的な茶会を開く。この団地は被災地で最大規模の仮設住宅だ。昨年の春、津波が去りあらゆるものを破壊した後に、美しい山桜が咲いていていた。大自然はあらゆるものを育み、そして残酷にも奪ってしまう。津波を起こす力も桜を咲かせる力も同じ力なのだ、四十九日行脚をしながら、そう思った。そして一年後、被災地に再び桜の花が咲く。

私の母は裏千家茶道の教授である。カフェモン号に、積めるだけの茶道具と観賞用の桜を積み込む。みその棚に日傘。日傘の柄には父が書いた「一華開五葉」の短冊を飾る。ありったけの花瓶に桜の花を生ける。またたく間に集会所は満開の桜が咲く茶室になった。三々五々集まってきた住人さんは、そのあでやかなしつらいに思わず感嘆の声を上げる。

和服に身を整えた妻や母が茶を点て、この日のために特別に作った和菓子でもてなす。穏やかで和やかだった震災前の春が蘇ってくる。あの出来事が起こるまで、そういう春が来るのを誰もが信じて疑わなかったのだ。

思い起こせば、茶道はカフェデモンクの原型だったような気がする。私自身は茶の湯の心得はないが、成長する過程で母の語る茶道の心がどこか体に染み込んでいたのかもしれない。茶室は一つの傾聴空間だ。亭主の心配りがそこかしこに配置され、客はその一つ一つに心を動かされ、会話が動き出す。一杯の茶が人の心を動かし、癒し、そして深めていく。

先祖が培ってきた伝統を踏まえつつ、被災地という現場にアレンジした活動。これが傾聴移動喫茶カフェデモンクなのだ。

ＷＣＲＰ日本委員会の支援

ＷＣＲＰ日本委員会は、一九七〇年、京都国際会館で開催された第一回世界宗教者平和会議を契機に設立された。二〇一二年には公益財団法人となる。仏教、神道、キリスト教、イスラム教、新宗教など、日本のあらゆる宗教教団・教派で構成されている。発災直後から全組織を挙げて積極的に支援をしていた。

「復興に向けた宗教者円卓会議——ＷＣＲＰによる取り組みの在り方を考える」と題した会議は、五月二二日、仙台国際センターを会場に、各教団の理事や宮城県宗教法人連絡協議会の主要メンバー、心の相談室からは岡部健室長、鈴木岩弓事務局長、川上直哉牧師、谷山洋三師、そして私が参加する。日本を代表する教団のトップと、現場で実際に被災地に向き合う宗教者が一同に会したことになる。参加者全員がこの未曾有の震災に戸惑いながらも、真剣に向き合っている気迫を感じる。

会議後、ＷＣＲＰ日本委員会の篠原祥哲《しのはらよしのり》師が仙台に常駐し、現場との連絡調整役を務めることになった。ＷＣＲＰ日本委員会からの資金援助は臨床宗教師を養成する「実践宗教学寄附講座」や、ラジオカフェデモンク放送を支える大きな力となった。この支援は五年ほど続く。

憑依する霊たち

二〇一一年三月一一日午後二時四六分、東日本大震災発生。それ以来人々の時間軸と空間軸は混乱し、未来への物語が紡げなくなった。

迷いながら、そして研ぎ澄まされながらの傾聴活動は、一年半余りを経過していた。彼女との出会いはちょうどそのような時期だった。

六月のある日、石巻での傾聴活動を終え、自室でマッサージを受けていた。傾聴活動は身心共にかなりのエネルギーを使う。傾聴活動は全身全霊を傾ける。それぞれの人生の物語を深く聴き取ることは、気力と体力をいやおうなく奪っていくのだ。その日は石巻でのカフェデモンクだった。帰山後、硬直してしまった背中の筋肉をほぐすために、メンバーでもある佐藤伸也さんのマッサージを受けていた。マッサージが始まって三〇分ほど経った頃、妻が一本の電話を受ける。受け答えする妻の声から、ただならぬ気配を感じる。

二四歳の女性からの電話。「たくさんの亡くなった人が身体に入ってくる、自分では防ぐことができない」と、振り絞るような声。住居が六〇キロほど遠方ということもあり、また夜も遅かったので明朝、早く来るように答えたが、「なんで、今じゃダメなの！　わたし、死にたいんです」。その言葉に緊急性を感じ、寺に来てもらうことになった。

一時間半ほどして、婚約者、母、妹に引きずられるように玄関から入ってきた。硬直した顔、額にはおびただしい汗が浮かんでいる。うめくような言葉にならない声。彼女の中で明らかに何かが起こっていることを感じる。

宮城県在住、今回の地震での目立つ被害はない。被災地を訪問したこともない。介護士として働いていたが、二〇一二年六月頃から憑依が始まり、勤務不能となる。

お寺にはごく稀にではあるが、同じような症状を訴える方が来る。その経験から彼女の背景を注意深く探る。

幸い母親が同伴していたので五代くらいまでの家系を知ることができた。母方・父方ともに石巻市から北上川を上流に遡った地区出身。先祖は河川流通の職業だったらしいとのこと。母方の叔母に霊的体質を持った人がおり、祖母がお経（経名は不詳）を唱えて症状を収めていたという。母親も憑依現象を経験しているが、結婚・出産を経て収まる。

菩提寺は曹洞宗。宗教的背景については、特に熱心な宗教的心情は見受けられず、この地方風土に根ざした先祖供養が中心であるという印象があった。最近の大きな出来事としては父の死があったが、今回の症状とは直接関係がないと判断した。

この地方には「口寄せ」「お神様」「おがみやさん」と称した民間霊能者の存在がある。葬儀の後、亡き人をあの世から降ろし、その想いを聞くという風習である。

彼女は幼少より憑依・霊視を経験する。彼女の表現では「木の蓋・ガラスの蓋」を開け閉めするイメージで、憑依をコントロールしていたという。それは感覚的なもので、とくに霊能者から訓練を受けたのではない。最近、憑依しようとする人が増え続け、制御不能に陥り錯乱状態になっている。

完全に男性の声だった。どすの効いた声でわめき散らす。どうやら暴力団の抗争に巻き込まれ、海の底に沈められたようだ。その男に彼女の体内から出るように語りかける。このようにして死者との対話が始まった。

やっと「供養」を受けることを納得させ、大人四人がかりで本堂に引きずり入れ、本尊の前に座らせる。太鼓を鳴らし、経文をいつもより大きな声で読む。その間も男は叫び、私を罵る。そのつど語りかけ説得する。やがて、男は鎮まり、本尊前に進み、焼香をさせた途端に、男は二四歳の女性に戻る。

「私は精神病ですか」、彼女は自分のこれまでの状態・症状は精神病理学的な疾患ではないかと悩んでいた。私は即座に精神疾患を否定。「そのような個性を持つ人」であることを強調し、そういう個性を持つ一人の人間に向き合うことと、そのような症状が出た場合は、すぐにお寺に来ることを伝えた。その夜はしっかりとした足取りで帰っていった。時計はすでに午前二時を回っていた。

死者との対話は、やがて震災の犠牲者との対話へと変化していき、彼女との関係はその後一年余り続くことになった。

「死者」との対話

死者との対話が始まる。それは約一年、約二四名ほどの物語だ。主なるものを記す。

水島すまない

「水島！　水島！　すまん！　おれのせいで貴様を死なせてしまった」、そう叫ぶのは旧日本海軍の水兵である。終戦間際、彼の乗った船は米軍の爆撃を受ける。負傷したまま海に投げ出される。それを助けた水島。しかし次の攻撃で水島の下半身は吹き飛ばされ戦死。「おれが悪い、おれのせいだ」と悲痛な叫び。

私との対話が続く。「誰のせいでもない。この戦争が悪い、私たちが戦争のない平和な国を作るから、あなたは行くべき場所へ行きなさい。これから水島の供養をするから」と、納得させ本堂で供養する。焼香の後、憑依が解けた。

私寂しい……

ある飲食店でホステスを勤めていた少女。両親は離婚。母子二人の暮らし。やがて母は新しいパートナーと出会い結婚。新しい家族関係に馴染めず夜の街へ。彼氏ができ、つかの間の幸せな時。彼との間に子供ができる。しかし事情が許さず中絶。そして彼氏の豹変。売春を強要される。そして自殺。

母親が供養をしていたが、やがて弟が生まれ、供養も途絶えがちになる。「寂しい……」という言葉から始まった彼女の訴えは二時間あまり続く。「あなたの気持ちはよく伝わった」、供養の後、憑依が解ける。

不思議な少年「順哉」

順哉は高校生。水泳部に所属し、毎朝「朝練」に向かう。その途中、交差点で車と接触し死亡。「両親は今でもおれのことを想ってくれて、供養もちゃんとしてくれてる。だけど、居心地がいいから、彼女の中にいるんだ」と語る。「そろそろ出てもいいかなと想ってる。だけどさ、この子の中にはとんでもないのが住んでるよ」。

そして、彼女の中に居座る二人の男について語り出す。「白い袴をつけた男がいるよ。この人はそんなに邪悪じゃないと思う。でも、もっと深いところに鎧甲をつけた紫色をした武士がいるようだ。おれ、関わるのは嫌だから、そっとしてるんだ」。

順哉は儀式を受ける際、二個の塩おにぎりを供えるように語る。「朝練」に行く時、母が練習後に食べるように用意してくれたそうだ。そのおにぎりを食べないで逝ってしまったことが心残りと言う。儀式が終わり、焼香する前におにぎりを食べる。「美味しい」と一言。憑依状態が解ける。不思議な少年だった。

お母さんごめんなさい

「ごめんなさい、ごめんなさい、お母さん、ごめんなさい」「どうしたの？」「よっちゃんの手を離してしまった、お母さんごめんなさい、怒らない？　ねえ怒らない？」。津波が来る。弟のよっちゃんと手をつなぎ逃げる。しかし、途中で弟の手を離してしまったという。
死者が子供の場合、私の妻が「母」の役を担う。憑依した彼女の手を握り、母親役をするのだ。「ほら、お母さんが一緒だから大丈夫だよ。お母さん、怒らないから、光の国へ一緒に行こう」。やがて光の輪をくぐる直前、「お母さん、もう僕、大丈夫。僕もう一人で行けるから」と、握っていた手を離す。妻の手は真っ赤に腫れ上がっていた。

走れない

「走れない！　走れない！」と若い女性の声。「どうして走れない？　早く逃げて、津波が来るよ」「どうしても走れない」、しばらくそのような問答が続く。小一時間ほどの会話。やっと走れない理由を語る。
「走れない……。だって、お腹に赤ちゃんがいるんだもの」「このことは、夫や両親は知っているの？」「知らない。両親に教えに行く途中だったの」と言って、すすり泣く。すすり泣きはしばらく続く。やがて自分の死を受け入れ、儀式に臨む。やがて憑依が解ける。無念の想いが伝わってきた。

娘を迎えにいかなくちゃ

「わかな～　わかな～　何処だ！」。津波発生を知らされた後、妻とメールで娘を小学校に迎えに行く相談。「渋滞で動きがとれない」「それなら、おれがいく」。危険を覚悟で海岸通りを走る。途中で津波に巻き込まれ、暗闇に落ちる。「娘は何処だ！　娘を迎えに行かなくちゃ」「苦しいのか？　おまえはいま何処にいる？」「わからない。暗い。おれは死んでいるのか？」「おまえは死んでいる」「おれは死んでいるのか？　津波で死んだのか？　何人死んだ？」「二万人近く死んだ」「そんなに死んだのか！」。

そのような会話が二時間近く続く。「光が見えるか？　光に向かって進みなさい」「見えない、瓦礫と死体で光が見えない」。やがて死を受け入れ、本堂へと向かう。しかし儀式の最中も、男は娘への想いを訴え続ける。そのつど儀式を中断し、男に語り続ける。「光を想え！」。儀式が終わり、焼香をした瞬間、彼女の憑依状態は解ける。このような状況で逝ってしまった人が、たくさんいたことを想う。

おれの帰る場所はどこだ

海岸近くで漁師をしていた老人。津波に巻き込まれおばあさんを残して旅立つ。三陸海岸の方言で語る。「仮設にばあさんが一人で暮らしている。玄関の靴棚の上に白いロープが置いてある。ばあさんが心配だ。おら、もう年だから死んでも悔いはねぇ。んだげど、ばあさんにはもう少し生きてほしい」「大丈夫、みんなで支えてるから心配しないで、あちらの世界で見守って」。「もうすぐ盆が来るんだげど、おら、どごさ帰ればいいんだ? 家は流されてるし、ばあさんの住んでる仮設は知らねえし」「ちゃんと迎え火焚いてくれるがら、大丈夫だ。その光目指して帰って来て。お寺でも大きな迎え火焚くから、目印に大きな迎え火焚くから」。老人は納得して儀式に臨む。焼香後、憑依が解ける。

お母さん……お母さん……

「お母さん……、お母さん……」、幼児が蚊の鳴くような声で、母を呼ぶ。「僕、何処にいるの?」「わかんない」「僕、名前は?」「わかんない」「僕は死んだんだよ」「死ぬってなに? よくわかんない」。この幼児は瓦礫の中に一人取り残され、母のことを呼びながら死んだらしい。妻が手を握り、「お母さんと光が一杯のところに行こうね」と語りかける。儀式が終わり、憑依が解ける。妻の目には涙が溢れていた。

浪江からきた犬

「犬がまとわりついてきて、騒がしい」「今その犬、入ってるの？」「今はいないけど、時々私の回りに来て、キャンキャンと鳴くの」「どうする？　中に入れる？」「犬にはなりたくない……」「じゃあ、やめよう」。しばらくして「やっぱり入れる。和尚さん、わたし暴れると思うから、しっかりと押さえて。あと、ご飯にお水をかけてお供えして頂戴」。

ちょうどその場に居合わせた方々に押さえてもらう。「入れていいよ」。しばらく犬の姿を探している様子。「あっ、いた！」。犬を見つけると同時に暴れ出す。押さえていた二人が飛ばされる。儀式が続く。やがて静かになり、憑依状態が解ける。

福島県浪江町の老夫婦が飼っていた犬らしい。原発事故後、急いで避難。犬はつながれたままになっていた。やがて餓死。白い防護服を着た人が来て死体を確認し、その場を立ち去って行くのが見えたという。原発事故は山川草木、生きとし生けるものすべてを狂わせてしまったことを強く想った。この犬の憑依を境に、彼女の状態は沈静化していく。

供養――宗教儀礼について

今回行った宗教儀礼は、女性の宗教的風土的背景を考慮し、曹洞宗寺院で一般におこなわれている施食会《せじきえ》（施餓鬼会《せがきえ》）を基本におこなった。施食会は、お盆の時期におこなわれる先祖供養の儀式である。曹洞宗の一般寺院においては普通におこなわれている。各家々の先祖、ならびに自然災害、戦争の犠牲者、その他いわゆる「浮かばれない諸霊」を供養する。

その中心をなす経文が「甘露門《かんろもん》」である。内容は「あらゆる世界に住まう迷える諸霊に施しを与える。それらを転じて、仏・法・僧の三宝に供養せよ。大いなる悟りへの想いを起こし、現世に禍を起こすことなかれ」と促す。続いて「雲集鬼神招請陀羅尼《うんしゅうきじんしょうせいだらに》」「破地獄門開咽喉陀羅尼《はじごくもんかいいんこうだらに》」などの呪術性のある陀羅尼《だらに》が読まれる。そして最後は「諸仏光明真言灌頂陀羅尼《しょぶつこうみょうしんごんかんちょうだらに》」で終わる。

死者との対話の中で、とくに強調したのは「暗闇から光を目指して進みなさい」というキーワードだった。「諸仏光明真言灌頂陀羅尼（オン・アボキャ・ベイロシャノウ・マカボダラ・マニハンドマ・ジンバラ・ジンバラ・ハラバリ・タヤウン）」を唱えながら、手の平を広げ、五本の指端から五色の光明を出し、苦に生きる衆生を救うという所作をおこなう。

通常一～三回の繰り返しだが、今回は彼女の表情と状態を見ながら、繰り返し唱えた。さらに正式な作法ではないが、この陀羅尼を唱えながら彼女の身体に洒水《しゃすい》（聖水）を撒水した。彼女は「洒水が身体にかかった時は、一瞬熱さを感じた。その時、和尚さんが引き上げ、自分は下から押し上げるようなイメージをもった」と語っている。

これらの話は彼女の作り話か？　多重人格か？　いや、彼女と相対している間、少なくともそのような印象はなかった。初めて来寺の際、自分の状態・症状は精神病理学的な疾患ではないかと悩んでいた。

「私、精神病？　人格障害？」「いや、そうではない。敏感な個性を持った人として接するから、心配しないで」と、はっきりと精神疾患を否定する。「よかった。私、病気じゃないかと思って、すごく心配してた」。「大丈夫。また入ってきたら、いつでもいいから電話ちょうだい」。

「そのような個性を持つ人」であることを強調し、そういう個性を持つ一人の人間に向き合う姿勢をとる。そのことが彼女との信頼関係を強くし、問題をよりよい方向に向けた要因であると思う。


私たちの風土が危機的な状況になった時、常識では理解できないような、さまざまな出来事が起きる。あらゆる宗教的感情が、まるでパンドラの箱を開けたように飛び出してくるのだ。そして今まで隠されていた人間の感知能力が高まってくる。

私自身、この未曽有の震災に、理屈を超えた大きな力を感じたのだ。かつて人類は自然の大きな力による日常の破壊に対し、神仏に祈りを捧げた。原始の宗教感情は、ＤＮＡの奥に潜んでいるのだ。科学が進み、地震や津波のメカニズムは解明されたが、それでもなお心の奥底に流れている自然への畏れ。私たち宗教者は、宗教をあまりにも合理的に捉え過ぎていないか。教義の枠に囲い過ぎてはいないだろうか。その時の私たちは、可聴・可視範囲を超出した物語を受け止めることが要求されていた。

「自他不二《じたふに》」「境界線が透明になっていく感覚」、これは傾聴活動がピークに達した頃の私の研ぎ澄まされた感覚である。

彼女は憑依に陥って、どうすることもできない状況で、インターネットの検索サイトで、お祓いをする宗教者を探したという。そしてたくさんの宗教者の中から、この人だったら大丈夫かもしれないと直感したと言う。不思議な出会いである。何かに引き寄せられたと言ってもいい。引き寄せられ、向き合い、そして同期・同調（シンクロニシティ）していく。宗教儀礼が媒介し、そして身心は安定へと向かう。

私の役目は、この大震災という出来事の中で、何らかの原因によって憑依現象を起こし、死にたいほどの苦しみを受けている者と向き合うことであった。徹底した傾聴と、宗教的儀式によって、症状はよい方向に向かった。

彼女の症状（憑依現象）の原因やそのメカニズム、霊魂存在や死後の世界についての解釈は、さまざまに論じられるだろう。たくさんの犠牲者を出した被災地では、霊的現象の真偽はともかく、そのことに苦しんでいる人に向き合わねばならないのだ。「解釈」と「解決」では天地の隔たりがある。

「教義に基づく宗教」と「語りに基づく宗教」は、インドラの網のように互いに映し合いながら真理の深みへと降りていくのかもしれない。

時を経るにつれ、犠牲者は数字に置き換えられるようになった。彼女を通して聴く死者の想い。犠牲者には、守るべき大切なもの、担っている未来があった。命の輝きがあったのだ。

能に「井筒」という演目がある。在原業平を慕う女と旅の僧の物語である。ある日、旅の僧が荒れ寺を一夜の宿にする。夜も更けた頃、一人の女が枕辺に立ち、自身の切なく哀しい物語を語り出す。それは在原業平との恋物語。夢うつつの中で物語は進み、やがて夜が明ける。夢から醒めた僧は二人の悲しい物語に念仏を称え、そして風の聖《ひじり》のごとく旅を続ける。夢の中で聞く「夢」の物語。

能には、幽霊と旅の僧が登場する演目が多い。この国に住む人々は、古来より生と死の境目を自在に往来する。それはやがて高尚な芸能・芸術へと昇華していったのだ。彼女との物語によって、久しく失ってしまった原初的な感覚が呼び戻された気がする。

生と死のあわい――海外メディアを通して

カフェデモンクや私の体験が海外メディアに登場したのはおそらく、ロンドンタイムスが最初だったと思う。震災の年、ちょうどお盆が過ぎた頃から、被災地のここかしこで幽霊の目撃談が広がっていた。

このような不思議な話は、震災から一カ月後、被災地を見学にいった男性が憑依したのが最初だった。次に相談を受けたのはお盆が過ぎた頃で、ちょうどその時、同行していた日経新聞がこの出来事を取り上げ、またたく間に全国そして世界に広まった。おそらくその記事を見てだろう、ロンドンタイムス日本支局から取材の申し込みがあり、福島県南相馬小高《おだか》の海岸を背景に取材を受けたことを覚えている。ロンドンタイムスといえば、イギリスの主要メディア。その記事は英語圏のみならず世界中に配信された。

そしてその後、若い女性の憑依現象に向き合うことになる。幽霊や魔法好きのロンドンっ子にはたまらない話題である。イギリス公共放送（ＢＢＣ）からラジオへの生出演、ロンドンタイムスからは継続取材、また、フランス・ドイツが出資して設立されたテレビ局「アルテ」からも取材依頼がくる。この時期は思い出すことが困難なほどの取材攻勢だった。

活動に専念したかった私は、正直ウンザリしていた。また、取材の主旨もさまざまで、人々の関心を引き寄せるためだけの興味本位な取材は、軽く流すか、場合によっては丁重にお断りした。

そんな中でも、アルテと、ロンドンタイムス日本支局長リチャード・ロイド・パリー氏のじっくりと腰を下ろした取材姿勢には心を動かされた。なぜならば、こういった出来事を日本の精神文化を視野に入れながら取材をしたいとのことだったからだ。

それにしても、この憑依現象や幽霊の話をどう伝えればいいのか？　風土や文化的宗教的背景の異なる人々にそもそも伝わるのであろうか。

幸いなことにアルテには、フランス語の堪能な日本人フィクサー（日本でのお世話役）がいた。また加えて、カフェデモンクのメンバーにはフランスに一〇年ほど住み帰国後、僧侶になった天《あま》野《の》宏心《こうしん》師がいた。彼は宮城県加美《かみ》郡加美町皆傳寺《かいでんじ》の僧侶。フランス語の能力はほぼネイティブに近かった。微妙な言い回しや、言語の背景にある精神文化・信仰は、その土地の者にしか分からない繊細さが求められる。フィクサーと天野師は絶妙なコンビだった。また、ロンドンタイムスの通訳も辛抱強く、そして的確に私たちの会話を翻訳してくれた。

アルテやロンドンタイムスのリチャード・ロイド・パリー氏の取材主旨は、おおよそこうだった。

「かつて欧米を手本として、社会制度、教育制度、法律体系、科学技術などを学んだ日本は、近現代、先進国の一員としてその地位は不動である。しかし、東日本大震災の被災地で起こった、不可解で非合理的な出来事を、柔軟に受け止めている。日本人にとっての合理と非合理。生と死。そして　その境目の風景、日本人のスピリチュアリティを知りたい」

その背景にはヨーロッパ近代合理主義が行き詰まり、その解決の糸口を見出したいという「ポストモダニズム」への思いが見え隠れしていた。

キーワードは「霊」の捉え方、それが一番翻訳しがたかった。私と通訳たちは、拙い知識だったが、大乗仏教の存在論、時間論、認識論、中観哲学、唯識などの仏教学の知識だけでなく、民俗学、ユング心理学の領域まで踏み込んで説明を試みる。霊の存在を中心に、「これまで」の、そして「これから」の世界のありようまで巻き込み議論したのだった。

彼らはそれを実体のあるものと捉え、そこから議論を展開しようとする。私たちはそれを現象として捉え、説明を試みていた。彼らはそれを証明したがっていた。しかし、幽霊現象は証明と言語化をやんわりと拒み続けた。

時を同じくして、私は著名な日本画家、能島和明《のうじまかずあき》氏より幽霊の掛け軸が寄贈された。彼は現在、横浜市在住、出身はここ栗原市。通大寺の檀家でもある。父親も画人だった。画室で遺品を整理していたところ、この掛け軸を見つけたという。由来などは不明だったので、お寺に収めたいという申し出だった。

長さ一・二メートルほどの掛け軸には、若い女性の幽霊が描かれていた。口を半開きにし、視線は定まることなくはるか遠くに置かれている。細長く色白の指は何かを探しているかのように前に垂れ下がっていた。いわゆる一般的な幽霊の描き方をしていた。

その絵を最初に見た時、確かにおどろおどろしさはあったが、恐怖は伝わってこなかった。むしろ、悲しみ・切なさに加え、愛おしさが感じられたのだ。「いったい、あなたはどのような亡くなり方をしたのですか。誰か愛おしい人でもいたのですか。子供ですか。想い人ですか」。この幽霊画の中には、人間感情が全て表現され、見る者の心を動かし、思わず人をしてこう問いかけしめた。

震災後、被災地には幽霊譚が独り歩きしていた。突然現れたら驚くのは無理もない。しかし、その幽霊という現象は、逝ってしまった人、残された人の互いの切ない想いの現れなのだ。決して非合理なことではない。逝ってしまった人が住む世界が有るか無いかという問いには明確な答えはない。万人が納得する確たる証拠もないのだ。

「幽霊」は、日本という精神風土の中に立ち上がる「生と死の物語」。確たる「存在」というよりは、留まらぬ「表象」の中の出来事。そして出来事は、時空を巻き込みながら絶えず変化する「あわい」の世界。震災から九年を経過した今、幽霊譚はあまり多く語られなくなったではないか。なりを潜め、それはかつての出来事になっていったではないか。

間もなく、アルテで放送され、またリチャード・ロイド・パリー氏の『津波の霊たち』が出版されると、ヨーロッパやアメリカの映像作家やセラピスト、また現代芸術の領域の方たちが関心を寄せてきた。

スウェーデン出身でデンマーク在住の映像作家は、リチャードの『津波の霊たち』を読んで訪ねて来た。国から補助を受けてのことだ。

彼女の父は幼い頃死んだ。父の記憶はない。結婚してデンマークに住むようになった。ある時、夫と子供二人でドライブをしていた。お腹には三人目の命が宿っていた。突然の大事故に遭遇したが、奇蹟的に四人とお腹の子供は助かった。衝突の衝撃で車が回転していた時、幼い頃死んだ父親の手の中に包まれた感覚があったという。それは死んだ父が守ってくれたような感覚だった。しかし、この感覚は周囲に語れることではなかった。なぜならば、周囲は生と死を明瞭に区別し、死の世界から生の世界に何か影響を及ぼすということを拒む精神風土があったからだ。

この感覚を話す相手もなく悶々としていたちょうどその時に、この本に出合う。ぜひ日本に行きたい。この国の風土や人々と会って、あの時の感覚が間違いなかったことを確認したかったという。おそらく、その作業を通して亡き父との新たな関係を持ちたかったのだと思う。

映像と文字の二つの作品が、「生と死の境目の風景」を正確に描き切っているかどうかは分からない。しかし東西文化の相違という単純な枠で括れない、人間存在に通底する何かは表現され発信されたと思う。なぜならば、九年を経過した今でも、あらゆるジャンルからの取材・番組制作の依頼が後を絶たないのだ。

生霊の跋扈する都市——国内メディアを通して

「幽霊譚」というか、この手の「怪談話」は視聴率をアップさせるようだ。東京にあるテレビ局から取材の申し込みがあり、とりあえず話だけでもと承諾した。若い女性ディレクターが来寺し、企画の説明を受ける。

彼女は被災地に一度も足を踏み入れていなかった。「幽霊という現象」の持つ深い意味は、大切な人を失った人にしか分からない。興味本位の番組は当事者の心を傷つけることにもなりかねない。視聴率狙いの番組ですか、と即座に断った。そして彼女は東京へ帰って行った。

一週間後、再び連絡がある。どうしても制作したいとのことだった。再び来寺。やむなく、石巻に住む女性を紹介した。この女性は震災で家族や多くの友人を失った。ディレクターは、「夢でも幽霊でもいい。もう一度あの人たちに会いたい」という切実な想いを聞き、初めて被災地で起こる不思議な出来事が持つ意味の深さを感じ取ったらしい。

数日後、テレビ局から電話があった。私に出演してほしいというのだ。その番組は生放送。被災地での出来事を正確に伝えるのも私の使命の一つと考え、気は進まなかったが承諾した。収録は三月九日、二日後の三月一一日は震災の日だった。

当日、スタジオにはテレビでよく見るタレントたちが座っていた。そして私が入ると、中は異様な雰囲気に包まれた。出演者や番組スタッフから緊張感が漂う。おそらくディレクターがこの出来事を軽々しく扱ってはならないことを伝えていたのだろう。いつもは流暢に言葉を運ぶアナウンサーが、緊張のあまり時々言葉が滞る。そのような雰囲気で番組は進んでいった。そして幽霊という現象が持つ意味について、私の想いを伝えた。

お別れの言葉を交わすことなく、突然あちらの世界に逝ってしまった人々。それはこちらの世界にいる人々も同じ想いなのだ。逝ってしまった人々への想い、またおそらくは、あちらの世界にいる人々も同じ想いであるに違いない。相思相愛という想いの交叉点に立ち上がるのが、「幽霊」という物語・現象なのだ。理由は分からない。確たる証拠もない。しかし、決して奇異なことではない。恐ろしいことでもない。むしろそれは切ないほど愛おしい出来事なのだ。

東北にはこの現象を受け入れる風土がある。しかしどうだろう。この大都市にそのような風土はあるのか。隣に住んでいる人の死をリアルに感じ取る機会と感性はあるのか。死者との対話はあるのか。おそらくこの大都市には死者はいないだろう。死者のいない都市に住まう人々は生の輪郭が不明瞭なのだ。

しかし、「生霊」は跋扈している。東京駅でも見た、六本木の交差点でも見た。このスタジオの中にもたくさんいる。スマホという黒いお札を叩きながら歩いている人々。心ここにあらず、その足はまるで幽霊画のように大地を踏みしめていない。すれ違う人と肩が触れても、気に留めようとせず、はるか遠くの誰かに心を向け、一喜一憂している人々。インターネットというバーチャルな時空に遊ぶ生霊たち。生霊は恐ろしいのだ。生霊は生霊であることを自覚していない。そして私には祓う力はない。そう言い放ちスタジオを後にした。

二日後は三月一一日。その日は死者が一番近くにいる日。さあ愛しき幽霊たちよ、出で来たってその切なる想いを語るのだ！

岡部健先生の遺言――七月二〇日、タナトロジー研究会にて

タナトロジー研究会は、「看取り」「終末期医療」を単に医療だけでなく、人文科学の領域からアプローチを試みるために立ち上がった研究会である。初めて岡部先生と出会ったのは、震災四カ月前のこの研究会だった。

この研究会で、ぜひカフェデモンクの活動を紹介してほしいとの依頼があった。この頃の岡部先生のガンはかなり進行しており、本人はスカイプを利用しての参加となった。やせこけた頬に無精髭を生やし、ベッドに横たわっている岡部先生の姿が大きなスクリーンに映し出された。会場に静謐な空気が流れる。誰も言葉を交わすことはなかった。

短い期間だったが岡部先生と共に歩いた被災地での活動を発表する。会の終わりに、どことなく弱くなった声で岡部先生がコメントをした。

「いいか現場を大切にしろ、現場から目を離したら真実を見失うぞ」

病院医療から在宅医療へ、大きな方向転換した岡部哲学を貫く言葉だった。そしてそれが会のメンバーへの遺言となってしまった。

ふたたび西馬音内盆踊り――鎮魂への誘い

カフェデモンク・マスター、ガンジー金田、それが被災地での私の名前だった。被災地では、それまでの肩書や立場は通用しない。それは、あの四十九日追悼行脚で立った戸倉の海へ法衣ごと捨ててしまったのだ。それ以後、カフェのメンバーにはニックネームを付け、その名前が定着した。どこから来たのかも言わない。「北の方から」、「川上から」、「風上から」ととぼけ、微妙にはぐらかす。そのような期間がしばらく続いた。しかし、この日（八月五日）は、初めて正体をばらすことになったのだ。

震災から一年半ほど経過し、仮設住宅での暮らしにも慣れ、また自治会が少しずつしっかりとした活動を始めていることを見極めた上で、石巻自治連合会を通して住民さんを通大寺に招待したのだった。仮設住宅での不自由な生活から、ひと時離れてほしかったからだ。

秋田県羽後町西馬音内《にしもない》盆踊り。昨二〇一一年は震災前からの約束もあり九月一〇日におこなったが、今年はとくに寺の行事と合わせて開催。栗原で古民家を利用した美術館「風の沢」を中心に組織された栗原応援隊の協力をいただく。風の沢で栗原特産の豚肉を使ったカツ丼を振る舞い、緑の中でひと時を過ごしてもらう。大好評であった。

盆踊りの前に、津波の犠牲者、津波で亡くなった動物たちの霊を慰める法要をおこなう。正式な法衣に身を包んだ私やカフェデモンクメンバーの姿に、一同の視線が集まる。そして口々に語り出す、「ああ……金田さんたちはやっぱりお坊さんだったんだ」と。

昨年の盆踊りは寺の周辺の方々が中心だったが、今年は被災地からの方々がかがり火を囲むことになった。昨年同様、敷き詰められた被災地海岸の砂。音頭と「がんけ」が交互に踊られる。ヒコサ頭巾に目深の笠。生者と死者の踊り。津波で亡くなった方々への鎮魂の夜が過ぎていく。

やはりこの盆踊りはすごい力をもっている。

この祭りの後、私たちは再び非僧非俗の「風の聖」となって活動を続けていく。

「死にゆく姿を見よ！」――八月二五日、岡部村にて

仙台市中心部から車で約三〇分、仙台の奥座敷、秋保《あきう》温泉の山中にある岡部村。今ではもう使われていないが、かつては秋保温泉から隣町の川崎町へと抜ける道がある。その道が枝分かれし、さらに奥に入った開拓地に、やがて人生の最期を迎えようとしているガン患者さんが自然と親しめるようにと作られた村が、岡部村である。

広々とした敷地の中央には山小屋風の建物。裏には小川が流れている。ジャグジーや畑、花壇を作る。そこには登山が好きだった岡部先生の趣味がちりばめられていた。患者さんだけでなく、タナトロジー研究会のメンバーや病院のスタッフ、さらには行きつけのスナックで出会った友人など、多種多様な人々が集い、飲食を共にし、議論し、そして夢を語り合った場所だ。

お盆が過ぎた頃、いくぶん体調が安定していた岡部先生を囲んで、少し早い芋煮会が開かれた。久しぶりに岡部先生に会えるということで岡部村は賑わっていた。

そこに東京大学名誉教授の大井玄先生もいた。七月二三日に放送されたＮＨＫクローズアップ現代のコメンテーターを務めた方である。本来ならば岡部先生自身が出演するはずだったが、体

調の不安から大井先生が代役を務めた。岡部先生とは旧知の間柄である。

岡部先生はもう自力では歩けない状態だったが、支えられながらいつもの場所に座り、皆が食べ飲み語らっている様子を、目を細めて眺めていた。そしてしばらくすると、傍らに私と高橋悦堂師を呼び、こう告げた。

「悦堂、お前は人が死んでいく姿を見たことがあるか。生と死を説く坊さんが、その姿を見たことがないというのは情けない話だ。おれの死にゆく姿を観察せよ」

「金田さん、私の臨終から死後の儀式を取り仕切ってくれ」

いよいよその時が近づいている現実が体中に突き刺さる。周囲の喧騒とは裏腹に、しばらく静寂と張りつめた時が流れた。

九月二七日、岡部健先生、逝く

その後、悦堂師は、東札幌病院から岡部医院に迎えられた小西達也さんと共に、岡部家に通い続ける。最後の数日は泊まることもあった。私はいつでも臨終儀式がおこなえるようにと、車のトランクには法衣一式を積んでいた。時折、電話で先生の容態を聞きながら、日々の生活を送っていた。

九月二七日、ちょうど東北大学で心の相談室の会議があり、帰路につく前、悦堂師に先生の容態を聞いたところ、安定しているとのこと。自分も着替えを取りに一度栗原に戻るということだった。しかし彼が寺に到着して間もなく、岡部先生は旅立った。

旅立ちの時、そこには医療者も福祉従事者も、そして宗教者もいなかった。奥さんのまな板の音と、息子が浴びるシャワーの音を聞きながら、「家族の物語」の中で、静かに息を引き取ったのだ。なんと完璧な死であったことか。

枕辺で先生に語りかけるように読経する。死に顔はいたずらっぽく微笑んでいるように見えた。岡部健は医療界と宗教界にあらゆる仕掛けを張り巡らして、この世を去る。「後はよろしく頼むよ！　まあ、そのうちなんとかなるだろう」という、いつもの口調が聞こえてきた。

もしかしたら、私たちは岡部先生の大ホラに騙されているのかもしれない。しかし一生に一度くらいは騙されてもいいだろう。それほど魅力的な人だった。逝ってしまった岡部健。しかし、死者には生者を動かす力があるのだ。

岡部家はもともと栃木県小山市の出身である。菩提寺も小山にあるが、かねがね仙台に墓所を移したいというのが岡部家の意向だった。そのことは小山の菩提寺の住職も概ね承知していたので、仙台で葬儀を執りおこなうこと、私が密葬の導師を勤めることについて承諾していただいた。

そして九月二九日、通夜を執りおこなう。遺影は奥様が選ばれた。発病前、一番生気がみなぎっていた頃の写真である。入口広場には、生前の写真がところ狭しと飾られている。その中には、被災地で私たちと撮った写真もあった。式場は岡部医院関係者、医療界、タナトロジー研究会の面々、そして友人関係などで満席となる。

本葬は平成二四（二〇一二）年一一月一〇日に、医療法人社団爽秋会の法人葬として営むことになった。生前、岡部先生にその後を託された私は、それまでに岡部家の新しい墓所を確保しなければならない。墓所を定めた寺の住職が葬儀の導師を勤めるのが通常の流れである。市内のいくつかの寺院に打診するが見つからない。市営や民間の墓地もいくつか候補があったが、すぐにというわけにはいかなかった。困惑していたところ、条件付きではあるが墓所を分譲できるという霊苑が見つかり、奥様の承諾を得て、そこを岡部家の墓所に定めることになった。

次に決めなくてはならないのは、葬儀を取り仕切る導師であった。私と共に葬儀を取り仕切っていた岡部先生の友人櫻井恭仁さんは、墓所を民間の墓地に定めたこともあり、私がその任を果たせばいいとのことだったが、即答はできなかった。なぜなら、私にその力があるか、いささか不安であったからだ。しかし、たとい僅かな期間であったが、私たちは東日本大震災の被災地を同じ方向を向いて歩いて来た。余人を以て代え難しというではないか、との想いが沸き起こり、引き受けることとなった。本葬儀は曹洞宗の葬儀規範に則り執りおこなった。

わが追悼の言葉

平成二三（二〇一一）年一月、以前より知り合いだった川上直哉牧師にお誘いいただき、タナトロジー研究会に参加したのが、先生との初めての出会いでした。

その時発表を担当した川上牧師に、僧侶の私が感想を述べているのを面白そうに眺め、時々理屈っぽい口調でその場を仕切っていた仙人風情の方が先生であったことを知ったのは、帰り際のことでした。

その時、すでに先生がガンに冒されていたことなど知るよしもなく、四月に再びおこなわれる研究会にも参加してみようかという軽い気持ちで別れたのを記憶しています。

三月一一日、震災発生。それぞれの場所でさまざまな震災体験をし、必死にその出来事を受け止めていました。

私は火葬場でのボランティア、四十九日被災地行脚、その後、傾聴移動喫茶「カフェデモンク」で被災地を巡り始めました。

先生と再会したのは五月、「心の相談室」を立ち上げる会議でした。難しい議論はさておき、とにかく被災地に直接入り、宗教者も医師も「現場」から物事を考えようということで、たびたび「カフェデモンク」での傾聴活動に参加くださいました。体調が安定しない中、先生にとっては残り少ない命をかけての日々であったと思います。今年の六月から参加が難しくなり、先生の「その時」が近いことを薄々と感じておりました。

八月末、先生の愛してやまない岡部村に行った際、私と高橋悦堂師を側に呼び、悦堂師には最後まで側にて看取るように、私にはその後の宗教儀礼をおこなうように、と申しつけました。

九月二七日、その時が来ました。先生が命を賭して作り上げた「在宅での看取り」というシステムに支えられ、奥様のまな板の音と耕君のシャワーの音を聞きながら、「生と死の境目のない」穏やかな旅立ちでした。

岡部健という人間が六二年間住まいしたこの世界から「大いなる命の源」へお帰しする儀式を、曹洞宗の規範により執りおこないました。

ご戒名はご家族の想いも踏まえ、「観月院叡醫玄明居士《かんげついんえいいげんみょうこじ》」としました。

先生が旅立った日は、一年を通して一番月の美しい時期です。太陽が命を育んできたのに対し、月は古来より日本人の「感性」「宗教性」を育んできたと思います。先生は医学を通し「命の行方」を見つめてきました。その生き方を「観月」という言葉に込めました。

「月落ちて天を離れず　なんぞ去来　生滅を問わんや」。お姿は見えず、声は聞こえなくても、飄々とした先生の佇まいを全身で感じながら、先生の目指した道を進んでまいります。

先生、いや、玄明居士、願わくば私たちの行く道筋を、燻し銀のような光で照らしてください。

先生との出会いに心より感謝いたします。

合掌

第一回臨床宗教師研修

岡部先生が逝ってしまった後も、活動は粛々と続けられた。なによりも現場を大切にすること、それは岡部先生の貫いた哲学だ。一週間後、カフェデモンクは、先生と何度も訪れた石巻市北上にっこり仮設住宅で開店した。岡部先生の遺影を、集会所のカフェデモンクのメッセージボードの前に飾る。その日はＮＨＫ国際放送の撮影がおこなわれ、そして私たちの活動は世界中に放送された。

半年ほど前、東北大学に実践宗教学寄附講座が設置され、一〇月に第一回臨床宗教師研修が始まることを喜んでいた。「一〇月に講座が開講される。しかし、その時、おれはもうこの世にいないだろうな……」と呟いた岡部先生。その言葉通り岡部先生は九月二七日、その日を待たずに旅立っていった。私たちに大きな期待と課題を残して。

一〇月二三日、第一回臨床宗教師研修は被災地集中型とした。まだ震災の衝撃が残る石巻を中心におこなわれた。研修は、石巻市北上旧北上支所から追波川《おっぱがわ》を挟んで大川小学校までの追悼行脚で始まった。天気は風雨である。

出発地の旧北上支所は震災前から指定避難所になっていた。津波発生後、多くの住民が逃げ込んだ。しかし、沖合からは予想よりはるかに大きい波が押し寄せてくる。時すでに遅く、ある者は柱にすがり、ある者は互いに手をつなぎ、津波に備えたが、強力な波の力はすべてを呑み込んで通り過ぎていった。僅かな生存者は、助けを叫びながら流されていく人々を前に、なすすべはなかった。その跡地には、津波が押し寄せる音と、死者の叫びがまだ残っていた。

この日、日本各地から集まった受講生の他、カフェデモンクのメンバー、日本基督教団の川上直哉牧師、ルーテル教会の伊藤文雄牧師、東北大学の谷山洋三師が共に歩く。

先頭の僧侶が持つ鎮魂の幟は風にはためき、雨は容赦なく私たちを濡らす。津波で破壊された堤防上の道路は復興関係の車両が行き交っている。トラックの運転手は私たちに気づき、スピードを緩め、そして頭を垂れ瞑目していた。

行脚を経験したことのない宗教者にとって、これほど清新で刺激的な体験はなかったという。宗教者は「歩く」ことを忘れてはいまいか。イエス、仏陀、マホメット、宗祖・祖師方は、みな自らの足で歩き、大地から立ち上がる言葉に耳を傾けたはずではなかったか。

風雨の中を黙々と歩く宗教者たち。宗教者には嵐がよく似合う。

現代日本社会の「宗教」の位置とは

震災前の四年間、曹洞宗宮城県宗務所に勤務していた。対社会的広報の任に当たっていた関係で、マスコミ関係者と討論をする機会が多くあった。東日本大震災以前、マスコミや知識人の私たち宗教者に対する論調は「葬式仏教」不要論で支配されていた感がある。

葬式仏教でなぜ悪い、これが私の論調であった。葬儀は死者の物語と生者の物語をつなぐ大切な儀式・場である。問題は形骸化した葬式仏教であり、葬儀そのものではない。亡き人に想いを向け、亡き人と共に歩む。これこそが人類が人類たるゆえんであり、文明の始まりであると思う。大都会はいざ知らず、東北にはまだそのような文化が脈々と流れているのである。

「政教分離」は近代国家にとって宗教と政治の基本的な関係である。しかし、「政教分離」という印籠のもと、いささか面倒で曖昧な領域、うさん臭いような事柄も、いっしょくたに蓋をしてしまったという日本社会の流れがある。どうやら行政も宗教もお互いに成熟した付き合い方を学習せず、相互に距離をとってしまったようである。そして宗教は、死の臨床現場や公共教育から遠ざけられてきたという、社会の流れができあがってしまったのだ。

しかし震災以降、被災地での宗教者の悲嘆に寄り添う活動や、宗教施設を開放し避難所としての一定の役割を果たしたことなどから、マスコミや知識人の論調が一変し、宗教に対する見直しが起こっていることを感じた。

私たちにはこのような日本社会の状況のもと、宗教感情や社会情勢に配慮しながら、臨床宗教師を養成し、そして社会に実装していくことが求められたのだ。

日本人の宗教感情――臨床宗教師養成に向けて

前にも触れたが、宗教的背景を持たない国立大学法人に養成講座が開設される意味がある。

宗教学は宗教現象を研究の中心に据えた学問領域である。どの宗教に対しても中立的な立場を取る。加えて公的な立場にある国立大学法人に養成講座を設置することで、宗教者が公共の領域へと活動の場を広げていくことを、強い説得力をもって社会にアピールすることができる。

また、講座は一般学生に対する講義もおこなう。これは臨床宗教師という社会資源が、実際に日本社会に浸透していく際に大きな布石になるだろう。

その日に向けて、小西達也氏、谷山洋三師、寄附講座のために新たに赴任した高橋原氏などと共に、養成プログラムを作り上げていた。参考にしたのは後述するが、欧米ですでにおこなわれている「チャプレン教育」である。

谷山師は上智大学に設置されたグリーフケア研究所や、長岡西病院でビハーラ僧の経験もある。小西氏はアメリカ・ハーバード大学などに講座がある「臨床牧会教育」を受講、二年間の厳しい養成訓練を受けている。彼は宗教者ではないが、一般の企業に就職した後に渡米、養成修了後は東札幌病院でチャプレンとしての勤務経験があった。震災後は、岡部医院でチャプレンを勤めていた。

欧米の「チャプレン養成プログラム」が、先行する優れたプログラムであることは間違いない。しかし言うまでもなく、それが生まれた文化的風土的背景は、東アジア圏とはいささか異なる。その宗教観や社会制度を等閑視する養成プログラムでは日本社会に定着しないだろう。ここでは、日本人の宗教観というより、正確には日本という風土に住む人々の宗教感情といった方が正確かもしれない。

というのは、あるアンケート調査などによると、日本人の九〇パーセントは「無宗教」であるとの結果がある。また、特定の宗教に属している人々も、それぞれの捉え方に幅がある。しいていえば、一〇〇人の人には一〇〇通りの神様・仏様がいるということになる。しかし、特定の宗教団体に属していなくとも、日本人の心の中には豊かで細やかで、そして美しい宗教性があるだろう。「無宗教」の「無」は、むしろさまざまな要素を含んだ「無」なのかもしれない。しかも本人はそれに気づいていない「無自覚的な宗教感情」、それが日本という風土に住む人々の宗教的特性なのだと思う。

心が危機的な状況におちいった時、その「宗教感情」が突然沸き起こり、そして立ち上がる力になる。それを上手に引き出していく、それが臨床宗教師の大きな役割であるのだ。

臨床宗教師研究分野

基本理念を念頭に臨床宗教師養成方法に取り組む。その参考にしたのが、欧米でいう「チャプレン教育」である。

チャプレンというのは「チャペル」から発生した言葉で、移動式教会に奉仕する聖職者のことである。例えば「従軍牧師」といえば、「軍隊チャプレン」を指す。アメリカ軍では、宗教にかかわらず、ラビ、イマーム、僧侶など、従軍するあらゆる聖職者を意味している。

歴史的には、第一次世界大戦の映画などに登場する、移動しながらお祈りができる小さな、一抱えくらいの大きさの「教会」の前で、牧師がお説教するという場面に見ることができる。それが今につながるチャプレンの起こりとなり、やがて病院などにも入るようになった。

チャプレン養成プログラムの研究は、キリスト教世界ではかなり先行して実施されている。その代表的な例が、臨床牧会教育CPE（Clinical Pastoral Education）である。ハーバード大学などに講座があって、二年間の厳しい養成プログラムである。

それらをモデルにしながら、日本の社会状況、精神風土に合うように改良し、プログラムを組んで、臨床宗教師の養成方法として研究を重ね、おおよその養成方法ができた段階で、とりあえず実際に養成を始めて、さらに改良を加えていく、という方法を取ることになった。

というのは、日本には特有の精神風土がある。一神教の国と、日本の汎神教のような国では宗教者の立ち位置が違う。また、社会構造や歴史も異なる。そこへの対応も研究しなければならない。宗教的ケアについても、日本にはキリスト教から仏教・神道・新宗教、また「無自覚的な宗教感情」が共存している。それぞれの宗教固有の宗教的資源をどのように効果的に使っていったらいいのか、実際に臨床宗教師を養成し、社会に実装しながら検証・研究していく、これが研究分野である。

臨床宗教師研修分野

①「傾聴」「スピリチュアルケア」の能力向上

被災地や医療施設でまず必要なのは、教え導くことではなく、各宗教の教義はいったん脇において、相手の気持ちに寄り添って耳を傾けること。そして自分の中にある答えに気づいてもらうというのが、スピリチュアルケアの目的である。

傾聴能力を向上させることが、とても重要である。そのためにロールプレイやグループワーク、会話記録検討会などをおこないながら、スキルを向上させる。

②「宗教間対話」「宗教協力」の能力向上

宗教協力は、布教を目的とせずに人々と接することを学ぶ第一歩である。研修受講者が持ち回りで担当する「日常儀礼」、宗教宗派の枠を超えておこなう「追悼巡礼」などは貴重な体験となる。

現場では宗教者がお互いに協力していかなければならない。宗教間対話を緊密にし、お互いの歴史の中で培ってきた得意分野で協力する。苦しみを抱えている人を中心に据え、特定教団の利益となることなく、協力することを学ぶ。

の実習を通じて、公的施設の運営者や異業種の専門家との適切な連携方法を学ばなければならない。

③宗教者以外の諸機関との連携方法

病院などの公共施設は宗教者のホームグラウンドではない。適切な手続きを踏み、場面に応じた振る舞いができなければ、敷地に入ることすらできないのだ。仮設住宅やホスピス病棟などでの実習を通じて、公的施設の運営者や異業種の専門家との適切な連携方法を学ばなければならない。

病院や福祉施設で働く人々と協働していくということは、そう簡単にはできない。とくに、「僧形」に対しては「死」のイメージがつきまとい、長い間、病院の中から排除されてきた歴史がある。黒い法衣、作務衣にはいい視線を感じない。この分野では、公的施設の運営者や異業種との適切な連携方法、相互に信頼し合えるルールについて研修する。

震災時、私たちが火葬場で読経ボランティアをする時は、三段階の承認を経て活動が可能になった。最初は市長、次に火葬場の運営管理者、最後は現場で実際に火葬場を運営している方々への説明。このようなプロセスを経てやっと入り、そして実効的な活動をすることができたのだ。

檀家・信者が亡くなった時はホームグラウンドとして普通に入れるが、それ以外の場合は、アウェーの活動であると自覚し、このようなプロセスを踏まなければ、現場では活動できないのである。仙台市が管理するグランディという大きな体育館には、震災時ご遺体が何千体も安置された。さまざまな宗教者が読経を申し出たが、施設管理者は心情的理解を示すが、大きな行政規模になればなるほど「政教分離」の壁は高く、誰一人として入れなかったのである。それほど政教分離の壁は複雑で厚い。だからこそ丁寧に順序立てて理解を求めなければならない。行政と宗教者の成熟した関係は一朝一夕ではできないのだ。

④ 適切な宗教的ケアの方法

それぞれの宗教は、心のケアに役立つ工夫や知恵をもっている。読経・祈り・お祓いなどの行為や、数珠・ロザリオ・お守り・お札・お地蔵さんなどを、相手のニーズに合わせて、公共の場にふさわしい方法で提供することを学ぶ。

臨床宗教師は、宗教的ケア、スピリチュアルケアを通して、寄り添うことを基本とする。傾聴を通して、さまざまな悩みを聞き、それを共に解決していく過程で、祈りや宗教的資源を活用しながらおこなうのが「宗教的ケア」である。宗教的ケアとスピリチュアルケアというのは相互に重なり合う極めて曖昧な領域であり、宗教的資源の使い方や、協働する他の職種との情報共有・連携を間違ってしまったら、倫理違反・ルール違反になってしまう。

宗教者のメタスキル

臨床宗教師の養成講座には、おおよそこのような研修分野があるが、それ以上に重要なのは、宗教者としてのメタスキルである。

臨床宗教師は布教をおこなわない。しかしそれに対して、「布教しない宗教者」「自分の信仰を捨てた宗教者」という誤解がある。それは大きな間違いである。

宗教者のメタスキルとは、それぞれの宗教・信仰によって養われた、宗教者としての基底を支える部分の熟成度である。これがあってこそ「臨床宗教師」が成り立つ。

現場では信仰の深さ、宗教者としての成熟度が一番問われる。それは一人一人、それぞれが信じている宗教に向き合うことによって養うしかない。信仰を捨てろということではない。信仰を深め続けるということ、しかしその信仰をもって、他の価値観をその枠組みにはめてはならないということなのだ。

現場から立ち上がる「言葉」と、自らが信ずる宗教の教義とを厳しく対峙させる、その無限循環が重要なことである。あえて言語化するならば、現場と自己との厳しい応答の中で培っていくのが、メタスキルであるということである。

私たちは四十九日追悼行脚の折、学んできた教義・教理が崩れていく感覚に襲われた。この状況をどのように理解し、向き合えばいいのか。大乗仏教の中核をなす『中論』では、すべての認識は虚妄であると説く。ならば、この現実も虚妄なのか。虚妄なのに泣いている自分がいる。この涙の意味は何なのだ！

私たちの歩みはそこから始まった。そして、現場を素手素足で歩いた。私たちに向けられた痛みの言葉・悲痛な叫びに答えることができなかった。時には逃げ出したくなる自分がいた。他を想えば想うほど、どうしようもない現実がそこにあった。

一年の後、再生の風が吹き、海の蘇りを感じる。その瞬間に、私たちの生死をはるかに超えた生死の真理が体中に落ちてくる。そして、そこから珠玉の言葉が再び立ち上がってきたのだ。

臨床宗教師の学びは積み重ねることではなく、むしろ削ぎ落としていくという過程である。削ぎ落としても、その場に凛として立ち続けることができる力、その力をメタスキルと呼ぶ。

焚き火を囲む宗教者たち

その日の臨床宗教師実地研修は、石巻市大森仮設住宅集会所でおこなわれた。東北の冬は寒い。とくにこの仮設住宅は立地条件が悪い。かつては沼地だった場所に急ごしらえで建てられていた。北西の風が吹き抜け、冬を越すことは容易ではなかった。

私たちは焚き火台に炭火をおこし、暖をとりながら活動を続けることにした。やがて一人の住人が、この炭火で焼き芋を焼こうではないか、と言い出した。

私たちのカフェに焼き芋という新しいメニューが加わることになった。焼きたての芋は、洒落たケーキに増して、悲しみを背負った人々の心をほどいた。

研修当日、その焚き火台の周りを多くの宗教者が囲んだ。仏教、キリスト教、そしてイスラム教など。火をおこすもの、焼き芋を焼くもの、そして焼きあがった芋を届けるもの、誰が差配せずとも、それぞれが役割を果たしていた。そこには人々の苦悩に向き合い、苦悶している宗教者の姿があった。

炭の火は人類が初めて発見し、利用した火。そこから文明は起こり、温度の制御は文明のバロメーターになった。焼き芋は恐らく人類が最初におこなった料理だろう。人々はその芋を分かち合い、命をつなげてきた。偉大なる人類の旅はそうやって始まったのだ。

二〇〇キロ彼方、福島第一原発では原子の埋火が燻り、ここ仮設住宅では炭火の温もりが人を癒し、焼き芋は疲れた人を慰める。

私は研修生に語りかけた。宗教者よ、現場を見ろ。苦しみ悲しみの現場を見ろ。現場から立ち上がる沈黙の言葉を聴け！　ここから絶対に離れるな。ここから離れたら、教団という黒い巨塔のしがらみに引き寄せられ、バラバラになるぞ。難しい議論をすることなかれ！　火をおこし、火を保ち、この焼き芋を上手に焼こうではないか！　それが宗教者と宗教協働の真の姿なのだ。

臨床宗教師研修の折には、私が作った臨床宗教師十八カ条を差し上げている。

臨床宗教師十八カ条

○社会で起こるあらゆる出来事を整理し理解できる人

○その出来事から起こりうる人間の喜怒哀楽をイメージできる人
○その喜怒哀楽から起こりうる人間の心の動きに対処できる人
○あらゆる土地の歴史・精神風土・信仰・言語を理解できる人
○あらゆる宗教・信仰のありさまに精通している人
○あらゆる儀式とその意味について理解し、そしておこなえる人
○他者の価値観から物事を考えられる人
○他者が語る物語に虚心に耳を傾けられる人
○他者の価値観から解決への物語を語れる人
○自己の信仰に基づき、自己の身体・心の維持についてストイックな人
○自己と他者の境界線が限りなく透明な人
○自分自身で現場を見つける能力をもてる人
○悲しみを引き寄せる力をもっている人
○風のように現れ、風のように去り、その痕跡を残さない人
○いつも暇《ひま》げな佇まいをしている人
○あらゆる業種との間で、共同・協調作業ができる人
○はるか遠い宇宙の彼方からの視点をもっている人
○限りなく人間という存在が愛おしい人

第Ⅲ章　再生

不思議な仏——お地蔵様物語

お地蔵さんはとても不思議な力をもっている。とくに教義として明確に位置付けられたわけでもない。かといって菩薩という大乗仏教の立派な位を与えられている。法隆寺などの由緒正しい寺院にも祀られ、村のはずれの草生した路肩にもさりげなく立っている。

ある時は子供たちの遊び相手になったり、ある時は魔除けの意味を与えられる。人々はそれぞれの想いをこの仏に向け、ひと時の安らぎを得ている。仏教と民間信仰・習俗が絶妙に混じり合った仏なのだ。

握り地蔵

ある日、宮城県川崎町石神彫刻工房の平泉正司さんから、石を削った可愛らしい地蔵さんが届く。津波で大切な人を亡くした方々に渡してほしいとのことだった。片手にすっぽりと収まるほどの大きさで、私たちはそれを「握り地蔵」と呼んだ。

カフェの入口に「津波で大切なお子さん、お孫さんを亡くされた方に差し上げます。和尚さんにお申し出ください」と張り紙をして何気なくそっと置く。人々は地蔵の微笑みの中に子や孫の面影を見出し、話しかけ涙し、そして微笑む。「握り地蔵」は人々の心を動かし、未来への物語を動かす役割を果たした。

命のリレー地蔵

ある日、新潟長岡西病院から、たくさんの布地蔵が届いた。病院で過ごすガンの末期患者さんが被災された方々に心を動かされ、自分たちにも何かできないかと、病院ボランティアさんと共に作ったという。制作に携わった患者さんとボランティアさんの写真も同封してあった。写真を拡大しフレームに入れ、布地蔵と共にカフェの入口に飾った。

私たちはこの布地蔵を「命のリレー地蔵」と呼んだ。患者さんは残り少ない命を、震災で生き残った人々に託してそれぞれ旅立っていった。そしてそれからはその遺志を継いだ新潟県上越市の貝谷雅子さんが作り続け、毎年三月一一日近くになると、たくさんの布地蔵が届いている。

大丈夫地蔵

千葉県佐倉市在住の川上幸《かわかみみゆき》さんは、全国の支援者と協働して制作した「大丈夫地蔵」を大量に送ってくれた。小指ほどの小さな地蔵は、端布を上手に加工した袋に入っていた。支援者にはそれぞれ役割があり、地蔵を焼く人、布を集める人、袋を作る人、包装袋に詰めて送ってくれる人、——日本各地に住んでいる支援者はそれぞれの得意分野で参加した。地蔵の顔は「とぼけ顔」。そして小さな和紙には、「大丈夫」というメッセージが添えてあった。

仮設暮らしが落ち着くと、これまでの緊張が解け、体に異変が生じてくる。とくに高齢者はそうだ。病気や入院の不安を抱えながら暮らしている。そのような方々に「入院前とか、手術前に開けてみて。とってもよく効くおまじないが入ってるから」と言って渡していた。「大丈夫！」は魔法の言葉、暖かく優しくそれぞれが抱える不安を包み込んでいた。

亡き人に想いを込める地蔵さん

この頃から、被災された方々自身でも地蔵を作るようになった。といっても、まったくの素人が一から作るのはとても難しい。そこで、市内の陶芸家から粘土を分けてもらう。粘土は三〇分もすれば固くなり、高齢者でも早くそして確実に作るには、形を単純にしなければならない。何度も試作を繰り返し、モデル地蔵が完成。そして近隣の陶芸家、陶工房土ノ子の吉田孝幸氏、遊《ゆう》翠窯《すいがま》の遊佐将彦氏、高鞍窯《たかくらがま》の井上哲治氏に焼いていただく。

亡き人に想いを込める地蔵さん。衣の裏側には、逝ってしまった大切な人の名前を刻む。助けることができなかった人。近所で遊んでいた子供。大切な妻や夫。それぞれのつながりと想いを刻み込む。中には一〇名ほどの名前を刻む人もいた。

作った地蔵は寺に持ち帰り、すっかり固まる前に補正を加え、一週間ほど天日で乾かして、窯で焼いてもらう。どの過程でも気を抜くことはできなかった。預かった地蔵は大切な人の依り代、壊すことは悲しみを二度与えることになるのだ。

一カ月から二カ月ほどで焼き上がった地蔵を携えて再訪する。この地蔵はあくまで傾聴活動の一環である。一カ月〜二カ月は、ほどよい間隔である。なぜならば、その間に起こった心の変化を感じ取ることができるのだ。

メガネをかけた善人地蔵——悲しみの共有

その日は朝から雪が降っていた。例年より早い雪。湿った雪はまたたく間に大地を覆い、一面銀世界となった。午後になって雪は降り止んだ。友人の看護師から電話が鳴る。同僚の看護師がお地蔵様を作りたいということだった。

その看護師の夫は、とある建物の中で津波に流された。責任感が人一倍強く、いつも周囲のことを最優先にしていたという。地震が発生し、しばらくして大津波警報が発令。指定避難所に逃げ込んでくる住民に声をかけ、誘導している最中に流されたという。地震発生当初、メールでお互いの安否を確認。その後、通信が不能になったが、安全な場所で生きているとばかり思い、看護師として震災対応に当たっていた。しかし、何日経っても連絡が来ない。周囲の勧めもあり、なんとか現場まで辿り着いたが、残念ながらそこに姿はなかった。およそ一カ月後、少し離れた浜で遺体が見つかった。

友人の看護師さんに伴われ、彼女と中学三年生の娘がやってきた。二人の雰囲気に目立った悲壮感はない。震災から二年半余りが経過し、ある程度受け入れることができていると推測した。

土の塊をほぐし、形を整えていく。初めての経験に心なしか気持ちが高ぶっているようだった。ご主人の名前は善人《よしと》という。やがて土の塊は小さな地蔵になった。しかし少し不満げな彼女の顔。ご主人は眼鏡をしていたので、私にそれを描いてほしいということだった。慎重に眼鏡風の線を引き、これでいいか、と彼女に渡した。

そして次の瞬間だった。眼鏡をかけた地蔵さんは、またたく間に大切なあの人に変身する。そして彼女は地蔵に向かって大声で叫んだ。

「あんた！　なんで死んだの。あんたはいつも人のことばっかり考えている。私のことだって少しは考えて！」

そう言って大声で泣き出したのだ。私たちは何も言えなかった。うつむき、震えるほど手を握りしめ、涙をこらえていた。

遺体を確認した日から死ぬことを考えない日はなかった。でも死ねない。なぜなら、三人の子供が残されたから。子供の前では泣けない、一人墓参りをし、人知れず泣いていたという。

人知れず泣くのと、人前で泣くのとでは意味が違う。私たちは到底、彼女と同じ気持ちにはなれない。しかしほんの僅かだけれど彼女の悲しみを背負い、そして彼女は、ほんの少しだけ悲しみを手放すことができたのかもしれない。これが悲しみを共有することだと思う。

一カ月後、お地蔵さんが焼き上がってきた。眼鏡をかけ、にっこり微笑んでいるあの人がそこにいた。そして今度は地蔵に向かって、いたずらっぽく、そして甘えるように語りかけていた。

「ほんとにあんたったら、……ドジなんだから」

私たちに笑いが起こり、彼女は少しだけ前に向かって歩き出していた。

陽菜ちゃん地蔵

その子の遺影の前には、仮設住宅の女たちが作った小さな地蔵が七体ほど並べられていた。遺影は可愛らしく微笑んでいる。母親はまだ乳飲み子だったその娘を抱えて、津波から逃げた。祖父と祖母、両親と共に家族向けの仮設住宅に住んでいた。娘はこの仮設住宅で育った。そして、二歳半でこの世を去ってしまったのだ。

彼女は仮設住宅の住人たちの生きる希望だった。この津波ではたくさんの人が死んだ。彼女の無垢な笑顔、何気ない仕草は、人々の安らぎの源だった。

私たちがカフェで訪ねた時は、アンパンマンの三輪車に乗り、テーブルの間を縫うように走り、大人たちに笑いを振りまいていた。両親とも働いていたので、日中のほとんどの時間を祖母と過ごしていた。祖母は初孫ということもあり、とても愛おしんでいた。そして二年後、その娘に妹ができた。その家は喜びに満ち、家族六人で新しい家に住むことを夢みていた。

しかし、間もなくその娘に異変が起きる。熱が下がらない、吐き気もする。近くの病院で受診するが、一向に症状が収まらない。ある晩、痙攣を伴う発作が起き、救急車を呼ぶが、なかなか来ない。仮設住宅は空き地に建てられており、住所も曖昧である。それに加えて夜間だったということもあり、しばらくしてようやく到着。石巻の大きな病院に搬送された。

しかし、数日後、二歳半のその子は、旅立っていった。原因は不明。家族はもちろんのこと、仮設住宅全体が深い悲しみに沈んだ。遺体が仮設住宅を出る時には、アンパンマンの歌が流された。

仮設住宅の女たちがその子のために小さな地蔵を作った。泣き顔、笑い顔、すね顔、おねだり顔。その表情のすべては自分たちに生きる勇気を与えてくれたのだ。普通より小さめの地蔵は全部で七体になった。陶芸家にはとくに注意して焼いてもらい、すべてがうまく焼きあがった。特製の涎掛けを付け、お座布団を敷き、特製の台には赤い絨毯風の布をあしらった。できあがった陽菜《ひな》ちゃん地蔵に、涙を流す人、微笑みかける人。そこには元気だった頃のあの子が蘇っていた。

カフェの終わり頃、集会所の外で祖母と話し込んだ。あの子はとても不思議な孫で、昼間は大人たちを和ませていたが、夜にはお星さまを見たいとよくおんぶをせがみ、背中から静かに夜空を眺めていたという。そして祖母は、この子には何かしら使命があったのだろうね、と呟いた。

僅かな日々だったが、津波を生き残った人々に安らぎを与え、そして、またたく間に大きな命の源へと還っていった。二歳半のこの子の命には確かに使命があったのだ、そして小さくとも大きな命の輝きがあったのだ。

そしてこの出来事は、一年ほど前、必ず私たちの番組を作るからといって職場に帰って行ったNHK仙台局の若手ディレクターによって三〇分の番組となり、全国に放映された。

帰ってきた吉平じいさん

その小さな仮設住宅は、石巻市の内陸にあった。津波の被災者だけでなく、地震で家屋が倒壊し、再建するまでここに住むことになった方々もいた。

そこに栗原から嫁いだ清子ばあさんは住んでいた。高齢の夫は介護サービスを受けていて、あの日、送迎車ごと津波に流された。車は石巻湾を一周し岸に流れ着いた。乗っていた全員が溺死したのだ。遺体は検視のため、亡くなった状態で二日間ほどそのまま置かれていたという。寒いだろうと夫の遺体に毛布をかけた。夫の名前は吉平《きっぺい》。彼女は吉平じいさんとの暮らしぶりを振り返りながら、時々嗚咽を繰り返した。

清子ばあさんと一緒に吉平じいさんのお地蔵様を作る。できあがったお地蔵さんは少し小ぶりだったが、よく似ていると喜んでいた。粘土で作った地蔵は、形を整えながら乾燥させ、協力してくれている陶芸家に焼いてもらう。

焼き上げる時が一番緊張する。なぜならば陶芸は火と土との共同作業だから、どのようにできるか分からない。祈るような気持ちで焼き上がりを待った。しかしこの時は、二〇体ほど焼いた中で、吉平じいさんの顔だけが微妙に焦げてしまっていた。焼き上げの時に壊れてしまったということにしてしまえば、吉平じいさんを二度死なせることになる、このまま渡していいものか少なからず躊躇したが、思い切って渡すことにした。

カフェ当日、彼女は私たちが到着する前から集会所で待っていたようだ。五月は吉平じいさんが生まれた月。吉平地蔵の前に置かれたケーキに蝋燭を立て、スタッフは誕生日の歌を歌う。清子ばあさんも一緒に歌ったが、瞳の奥に笑いはなかった。

しばしの沈黙が続く。集会所が一瞬凍り付く。「もう一度作ろうか」と切り出すと、小さくうなずいた。今度は少し大きめにし、念のため三体作る。顔は「微笑顔」「祈り顔」「とぼけ顔」を刻んだ。

一カ月後、全ての地蔵が上手く焼き上がった。再び清子ばあさんの住む仮設住宅で、カフェデモンクを開店する。清子ばあさん、今度は吉平地蔵を見てにっこりと微笑んだ。そして、あの時はおそらく私たちに遠慮して言わなかったのだろう、「ほんとにあの顔を見た時は腹が立ったわ。私のじいさんはあんな醜くなかったさ。ほんとにハンサムだったんだから」と、人目を憚らずまくしたてていた。

その時の清子ばあさんは、吉平じいさんと穏やかに暮らしていた若かりし頃の女性に戻っていたのだ。地蔵には死者と生者を結びつける力と、一瞬のうちに時空を超えさせる力があるのだ。

欲たかり地蔵

土くれの地蔵さんは、生者と死者をつないだだけではない。仮設住宅での生活が長引くにつれて、地蔵に込められる思いも変化してきた。人は今の自分の思い通りにならない状況を、少し別の角度や高さから眺められるようになると、それを笑いに変えてしまう能力をもっている。それを「自己距離化」という。

仮設住宅での生活も三年四年と長引くと、もちろん、逝ってしまった人々への切ない思いはあるものの、生活の窮屈さや将来への不安の占める割合が大きくなっていくのを感じた。ある仮設住宅で、いつものように地蔵さんを作ったが、少し前なら、その裏に亡き人の名前を刻んでいた。しかし、もはやそうではなかった。ある人は「健康」、ある人は「幸せ」、ある人は「お金」と刻んだ。

また、これでもかというほど大きい「福耳」を作り、その裏に独身の男性は「女」、独身の女性は「男」と刻み、それを見て大声で笑い合う。すると、生者と死者をつないでいた地蔵は「よくたかり地蔵」に変身する。「よくたかり」とは、方言で「欲張り」という意味である。

みんな面白がり、できるだけ大きな耳を作ったが、リスクも大きい。焼き上げる時に壊れる可能性があるからだ。壊れたら壊れたで、それでいい。「あんまり欲張り過ぎたのだ」と言い、それも笑いに変えてしまえばいいのだ。

細心の注意を払って焼き上げた「よくたかり地蔵」を持って再び訪問。集会所は笑いに包まれる。地蔵さんは時に応じ、場所に応じ、さまざまな役割を演じてくれた。小さな土くれの地蔵はやっぱり不思議な力をもっている。

死の受容と母親の決断

二〇一三年三月、年末から撮影していたNHK「こころの時代～あの時私は～」が放映された。私とカフェデモンクの活動を中心に、岡部医師や臨床宗教師養成のことが取り上げられた。朝早い時間の放送だったが、放送終了後、すぐに寺の電話が鳴った。たった今この番組を見たという、福島県郡山の三十代の女性からだった。

彼女は福島県の町で、夫と二人の子供、夫の両親と暮らしていた。あの三月一一日、夫と祖父、二人の子供は県内の漁港に釣りに行っていた。そして、そこに大津波が襲い、夫と祖父、二人の子供たちが流されてしまったという。夫と祖父はしばらくして遺体が見つかったが、子供たちは見つからない。自分と夫の母が残されてしまった。

そしてある朝、呼んでも返事がなかったので、二階の義母の部屋に行ってみると、そこには自ら命を絶った義母の姿があった。ほんの僅かな時間で、夫と二人の子供、義父と義母を失ってしまったのだ。

二人の子供は今も見つからない。遺体の見つからない「曖昧な死」はなかなか受け入れがたい。死亡届を出すと同時に、二人の子供の死は確定してしまう。届けを出すことができず、眠れない悶々とした日々を過ごしていた。その日もそういう夜を過ごし、明け方近くに、たまたまテレビをつけ、この番組を見たという。

これまでの経緯を淡々と話す声には感情が読み取れない。人はあまりにも受け入れがたい現実に出合うと、感情の起伏がなくなってしまう。被災地では、そういう方々の話を数多く聴いてきた。そして、すべてを話し終わると、明日、市役所に死亡届を出す決心をしたということだった。この番組のどこに決断を促す内容があったのか、よく分からない。

翌日、親戚に付き添われて死亡届を提出した。そして、その夜から午後九時過ぎになると、電話がかかってくるようになった。日中は支えてくれる人々に囲まれ、なんとか正気を保つことができるが、孤独と不安はちょうどこの時間帯に襲いかかる。それは、自殺念慮者の電話相談を通じて経験していた。

私、子供を殺してない？　私は悪い母親。私の一本のペンで、子供二人を殺してしまった。きっと海の向こうの島で、親切な人々に育てられて生きているに違いない……。そう自責と後悔の念を、毎晩繰り返し語っていた。ただうなずいて聴くしかできなかった。そういう日々が一カ月ほど続いた。

暖かくなったらお寺に行きたいと語っていたが、やがて電話の回数も少しずつ減り、そしてまったくなくなった。きっと近くに支える人ができたのだろう、いささか不安だったが、そうであってほしいことを祈ることにした。

彼女から再び電話があったのは、あくる年の二月末だった。聞き覚えのある声で、すぐに彼女だと分かった。一年前の感情のない声とは違って、高揚した声。二人の息子が見つかったというのだ。DNA鑑定で、小さな二人分の骨が息子たちのものであると鑑定されたというのだ。やっと戻ってきたの、と絞り出すような喜びの声。そして震災四年目を前に、家族全員が揃ったのだ。家族と暮らしたこの町には、思い出がたくさんあり、ここに一人で住み続けるには辛すぎる。これからの人生は海外の貧しい子供たちのために、学校を建てて、共に暮らしていくということだった。

その後、彼女からの連絡はない。きっとどこかの国で、亡くなった息子の名前の入った学校を建て、多くの子供たちに囲まれ暮らしていることを切に願っている。

出会い——二人の物語

カフェデモンクではたくさんの出会いがあった。なにせ被災地は広く、被災された方々も途方

郵便はがき

101-0021

お手数ですが切手をお貼りください

千代田区外神田二丁目十八―六

春秋社

愛読者カード係

＊お送りいただいた個人情報は、書籍の発送および小社のマーケティングに利用させていただきます。

(フリガナ) お名前	(男・女)	歳	ご職業
ご住所 〒			
E-mail		電話	

※**新規注文書** ↓(本を新たに注文する場合のみご記入下さい。)

ご注文方法 □**書店で受け取り** □**直送(代金先払い)** 担当よりご連絡いたしま

書店名		地区	書名
取次	この欄は小社で記入します		

購読ありがとうございます。このカードは、小社の今後の出版企画および読者の皆様と
ご連絡に役立てたいと思いますので、ご記入の上お送り下さい。

〈本のタイトル〉※必ずご記入下さい

●お買い上げ書店名(　　　　地区　　　　　　　書店　)

本書に関するご感想、小社刊行物についてのご意見

※上記感想をホームページなどでご紹介させていただく場合があります。(諾・否)

●購読新聞	●本書を何でお知りになりましたか	●お買い求めになった動機
1. 朝日 2. 読売 3. 日経 4. 毎日 5. その他 (　　　　)	1. 書店で見て 2. 新聞の広告で (1)朝日 (2)読売 (3)日経 (4)その他 3. 書評で (　　　　紙・誌) 4. 人にすすめられて 5. その他	1. 著者のファン 2. テーマにひかれて 3. 装丁が良い 4. 帯の文章を読んで 5. その他 (　　　　)

●内容	●定価	●装丁
□満足　□普通　□不満足	□安い　□普通　□高い	□良い　□普通　□悪い

●最近読んで面白かった本　(著者)　　　　(出版社)

(書名)

春秋社　電話 03-3255-9611　FAX 03-3253-1384　振替 00180-6-24861
E-mail:aidokusha@shunjusha.co.jp

もなく大勢いた。最初の頃はほとんど人が来ない日もあったが、活動が知れるにしたがって、多い時は一〇〇人以上という時もあった。一度切りの出会いや、お話を聴くことができない人も大勢いた。

その関わり方にも親疎があった。深く長く関わった方はそう多くはないが、そういう中で、とくに心に残っている方が二人いる。一人は武田さんという六十代の男性。もう一人は由紀さんという三十代半ばのお母さんだ。

武田さんの物語

武田さんとは震災から三年目の春、東北大学で開かれたシンポジウムの会場で出会った。壇上には、日本を代表する宗教哲学者山折哲雄先生、芥川賞作家玄侑宗久《げんゆうそうきゅう》師、大阪大学の稲場圭信先生、国学院大学の黒崎浩行先生、そして被災地で活動する心の相談室のメンバー川上直哉牧師、私もその末席に加わっていた。

シンポジウムも終わりに近づき、会場からの質問に入った時、石巻から来た初老の男性が客席から叫ぶ。焦点の定まらない目、そして吃音気味の声から深い感情が伝わってきた。私には「今のおれを宗教の力で救えるか！」、そう問われているように感じたのだ。

会が閉じられた後、すぐにステージから降り、彼のもとに駆け寄り、もう少し話を聞かせてほしいと両肩を抱く。その人が武田さんだった。しかしその日の夜はお通夜を控えていたので、数日後に彼の住んでいる石巻市渡波《わたのは》でカフェを開くことを伝えた。

前半生の軌跡

その日、渡波のカフェでは、ちょうど臨床宗教師実地研修がおこなわれ、一〇名ほどの宗教者が参加していた。シンポジウム会場で、今日の開催場所と時間を伝えていたが、虚ろな目からたぶん聞き流していたかと思っていた。しかしカフェの中盤頃に、彼はよろよろとした足取りで現れた。相変わらず目は虚ろだった。先日のシンポジウムに参加していて事情を知るスタッフや、研修生が次第に彼の周りに集まり始めた。そして、カフェが終わる頃には強張っていた彼の顔から笑顔が零れ始める。

カフェが終わり、研修生を乗せた車が彼の住んでいる家の前を通った時には、大きく手を振って挨拶してくれたのだった。この出来事は私たちの間で「渡波の奇蹟」と呼ばれるようになった。それから七年間、彼との交わりが始まった。

石巻でカフェを開催する時には必ず連絡をした。若い頃から通っていた山深い温泉に行く途中には、寺にも寄ってくれた。土産は必ず渡波の海産物を持ってきた。問わず語りで語り続ける人生の軌跡。彼にとっては語ることが生きる力になっていることを感じた。そしてより深く彼のことを知ることができたのだった。

彼の名前は武田勇二さん。石巻市渡波で海苔加工業を営む父母のもと、五人きょうだい（姉一人と妹二人、弟一人）の長男として生まれる。

高校卒業後は、父親の跡を継ぎ、漁師となり、両親と一緒に海苔の家内工業を経営。一時は海苔研究会のリーダーも務めていた。しかし父親は六五歳の時、肝硬変で他界。経営が立ち行かなくなり、家内工業を畳むことになる。四十代、五十代は、大阪の釜ヶ崎や、京都、名古屋、横浜、船橋、信州と、さまざまな土地で出稼ぎをおこない、借金の返済にあたる。借金返済後は、地元の高齢者の介護施設で、介護の仕事に従事。震災の時には介護の仕事も退職していた。

婚姻歴はなく独身で、父親亡き後は、母親と三〇年以上、二人だけで暮らしてきた。母親は喜怒哀楽が激しく、ストレートにものを言う。晩年には、息子が仕事から帰るのを国道沿いの道路まで出て待つようになり、近所でも「国道の母」と評判になるほどの親子だった。

母親は少しずつ認知症が進行し、震災が発生する直前の頃は、介護施設への入所を考えるべきか、あるいはこのまま一緒に生活を続けていくか、と思案していた時だった。もしあの時に施設に入所していたら、母親は助かったかもしれないと悔やんでいた。

結婚して、親を安心させたいという願望を抱いていたが、縁に恵まれなかった。ようやく彼女ができたのは、介護の仕事を辞めた後だった。しかし、自分ももはや六〇歳。結婚して家庭を築くには歳をとり過ぎていた。ただ母親が、近所のおばあさんや甥に、「息子の彼女はこういう人だ」と話をしてくれて、彼女のことを認めてくれたのが嬉しかった。

武田さんの二人の妹は彼女との仲を認めなかった。しかし、北海道にアル中で引きこもりの弟がいることを打ち明けた時や、その弟が亡くなった時には一緒についてきてくれた。自分のよき理解者として本当に心強い存在だった。彼女とは婚姻関係はなかったが、その頃が彼女との一番幸せで楽しい日々だった。

震災、そして別れ

東日本大震災発生時、武田さんは外出しており、母親は自宅にいた。いったん自宅に戻り、ここで待つように告げ、そして彼女のもとへ向かう。自宅に連れて来て二人の面倒を見るつもりだった。二人を自宅に残し、自分は地区役員として震災対応の役目を果たすために、市役所に向かう。その途中、大きな黒い波が襲ってきた。武田さんは近くの講堂に逃げ込み、次々に避難してくる人々の対応に追われた。

自宅に戻ったのは、夜の九時頃。津波で破壊された屋根伝いを歩き、自宅に辿り着いた時、母親と彼女が生きているのを確認した。彼女は、ずぶ濡れになった母親の傍らにいて見守っていた。やっとの思いで避難所に運び、体を温めたが「低体温症」で亡くなってしまう。母親の死化粧は自分で施した。今にも息を吹き返しそうな、とても綺麗な死顔だった。もしかしたら生き返るかもしれないと、それから毎日、何度も避難所と自宅に寝かしていた母の亡骸のもとを往復し続けた。

その後、母親の死を振り払うように避難所運営に関わる。トイレの問題、動物（ペット）の問題など、次々と生じるさまざまな問題に、そのつど対応した。区長代理のように自ら死亡者や行方不明者を調べて、役所に報告したりもした。

無我夢中で過ぎた一年。しかし、ある日脳梗塞で倒れてしまう。彼女の男性関係のことで言い合いになり、深酒をしているうちに足に異和感を感じ、まったく立ち上がることができなくなってしまった。石巻日赤病院で約三カ月間にわたり入院。治療とリハビリを受けたが、軽度の吃音障害と左下肢麻痺の症状が残った。

入院して間もなく、彼女から別れを告げるメールが届く。どん底に叩き落された彼は抑鬱状態となり、病院の窓から飛び降りることを考え始めた。信頼できる友達に病院まで来てもらい、話を聴いてもらう。少し楽にはなるものの、やはりすぐに苦しみに引き戻される。しかしその一方、どこかできっと彼女はいつか自分のもとへ帰って来る、そう信じる気持ちもあった。

その後、彼女とは付いたり離れたりの状態が続き、結局は別れることになった。

そんな彼を救ったのは甥の言葉だった。「母親が津波に流され、自分は脳梗塞になり、彼女とも別れて、叔父さん、落ちるとこまで落ちたね」といって、大笑いされたことがきっかけだった。腹が立つどころか、かえってさっぱりした気持ちになったという。

六年目の春に

母を失い、彼女と別れ、一人暮らしになってしまった彼の心を支え続けたのは、花と短歌だった。震災前から玄関先に植えていた花々は津波で流された。その花壇に再び花を植え始めた。母親は津波で死んだけれど、草花は潮水を被っても生き延びる。人間の弱さと同時に、自然の強さを知り、その力に勇気づけられていくのを感じていた。

短歌との出会いは、高校の時、教科書に載っていた若山牧水の短歌だった。

「幾山河　越え去り行かば　寂しさの　終てなむ国ぞ　今日も旅行く」

高校時代から孤独感を抱え、旅が好きだった彼は、この短歌にすっかり魅了された。二〇歳過ぎの頃、近所の短歌会に参加してみたが、漁師仕事との両立は難しく途中で辞めてしまった。

震災後、襲ってくる孤独感に堪えられなかった時、思わず新聞の広告のチラシの裏に自分の心の苦しさを吐き出すように短歌を書き始めた。ほとんどは自分の心を慰める歌だった。亡き母への思いや、孤独な自分の心情、季節ごとに移りゆく花や、自然の中に発見した命の迸りを短歌に込めた。想いを短歌にすることによって、自分自身を励まし、支えにしていた。しばらくして地元の短歌会の人に誘われ、会に参加するようになる。ペンネームは「山里竹風」。

そんな彼が、震災から六年を経たある日、カフェに一人の女性を伴ってきた。何気なく聞いてみると、新しい彼女ということだった。そして彼女との運命的な出会いを、自分から嬉しそうに語り出した。

ある日、友達にリバイバル上映される黒澤明監督の映画「生きる」を観に誘われる。自分も好きな映画だったから、上映初日、一緒に観に行った。上映二日目は、一人でもう一度観に行った。座席に腰を落ち着けて、ふと自分の前の席に目を向けると、そこには見覚えのある女性の姿があった。勇気を出して声をかけてみた。「Kさんですか?」、「ええ、Kですが」。ここから武田さんの新しい物語が動き出す。運命の再会だった。

Kさんは、武田さんが介護施設で働いていたときの同僚だった。他の同僚から「Kさんは良い人だ」と話を聞いていたが、その当時はとくに意識していたわけではなかった。それでも退職後も、年賀状だけはお互いに交換し続けていた。

久しぶりに再会したKさんから、津波で夫を亡くしたという話を聴く。夫は定年を前にキャンピングカーを買ったばかりだった。結局、そのキャンピングカーには家族で一回乗っただけで、それも津波で流されてしまう。これまで頑張って働いてきて、今から楽しもうというときに、借金だけが残ってしまった。

津波で大切な人を亡くした二人は、そのまま互いに離れがたい存在となり、お付き合いを始めることになった。一緒に花や野菜を育てる楽しさ、短歌を贈り合う喜び、誕生日には花をたくさん抱えて会いに行き、二人で女川まで電車に乗って海鮮丼を食べに行く話など、くしゃくしゃの満面の笑顔で嬉しそうに語っていた。

「同じ境遇同士だから、どちらともなくこうなったのさ。今までたくさんの宗教の方に陰に陽に支えられた、本当に感謝している。でも、最後におれを救ったのは、この女だ」。そう話す彼の眼は、穏やかな安らぎに満ちていた。
なぜか無性に嬉しくなった。それでいいのだ。私たち宗教者の役割は、それぞれの教義の安らぎに導くのではない。それぞれの物語が立ち上がるまで、揺れ動く心情と同期しながら、行きつ戻りつの長い時間を共に歩むことなのだ。

無声慟哭

しかし、七年目の春、悲しい知らせが届く。ほんの一カ月前、彼女と温泉旅行に行くと嬉しそうに話していた。二人で行った温泉旅館の風呂場で突然亡くなったとの知らせだ。こういう終わり方もあるのか……。そして、彼を支え続けた短歌だけが残された。

夕暮れに　空見上げれば赤とんぼ　集まりおりし　彼岸の入り
一人いて　瞼閉じると母がおり　あれから四年　ようやく春が来た
朝七〇になった　あれから五年　ありがとう　父母に手を合わす
古き宿　雪にうもれて正月の　いで湯の里は　何も聴こえず
春風に　空高く飛びしレジ袋　ビルの谷間を　人忙しく行く

都会から　帰る窓より見えし山　ああ東北の地　心安らか
風に生きし　ボランティアの子と夕食作り　老いの我にも　こんな日もある
春は咲き　いちじくの枝　手に取れば　小さきその実を　七〇にして見る

彼はその折々に想いとその変遷を歌に込めた。逝ってしまった命の行方、新しい命の気づき、孤独との向き合い、居場所探しの旅、そして見出した安らぎ。

決して洗練された歌ではない。しかし、心のど真ん中を捉えて離さない素朴な力強さがあった。そして彼の短歌は、彼女への想いで終わってしまった。亡くなる一週間前の短歌。

夕暮れに　訪ねていけばエプロンの　笑顔の君に　恋は老いても

七年間の日々を振り返る。そして改めて彼の物語を噛みしめる。見上げる空に見るものもなし。嗚呼、無声慟哭。

ある日、カフェに行く途中、彼が住んでいた家の前を通ると、あんなにたくさん咲いていた花のほとんどは枯れてしまい、何本かは風に揺られ、萎れそうに咲いていた。

その日のカフェには、偶然にも武田さんの小学校からの同級生が来ていた。花は枯れてしまったが、昔話に花が咲いた。集会所には彼の残り香が漂っていたのだ。人は二回死ぬ。一度目は肉体の死、二度目は皆の記憶から消えてしまった時。彼の物語は私たちの中でまだ続いている。

弔歌
山里に　訪ねていけば竹林の　涼風のなか　君の名を聞く
金田諦應　合掌

由紀さんと虎徹の物語

手紙
ある日、海岸の高台にある小さな仮設住宅から手紙が来る。津波で二歳半の男の子を失ったお母さんからだ。男の子の名前は虎徹《こてつ》。お母さんの名前は由紀さん。三十代半ばほど。
「はじめまして。住職さんの話を風の便りに聞き、お手紙を書きました。私はいま躁鬱病です。私は自殺を考えました。リストカットは毎日しています。それは大切な息子を震災で亡くしたからです。辛くて死にたいのです。
あの日、私は息子を抱きしめて流されました。でも私だけ生き残ったのです。息子はたった二歳半でした。どうして息子は死なないといけなかったのでしょう。その時私は、神も仏もいないと思いました。もしいたら、こんな残酷なことはしないと。私は生きる気力を失いました。しばらくは本当に寝たきりの生活でした。

みんなに励まされて、心配をかけてはいけないと、無理に明るく笑顔で過ごしていたのです。そして気づいた時には病気になって、入院までしました。それでも少しもよくはなりません。息子に会いたい気持ちが強くなるばかりです。

息子は自分が亡くなったことにも気づかず、淋しい想いをしているんじゃないかと思っています。住職さんに聞きたいです。息子はあの世で幸せでしょうか。一人で淋しい想いはしてないでしょうか。

そして、私を恨んでないでしょうか。私は恨まれて当然だと思っています。自分だけが生き残ったのだから……。もし願いが叶うなら、息子に会いたいです。住職さん、都合が合えばお会いできればと思っています」

末尾に携帯電話の番号が書いてあったので、すぐ電話をする。電話機の向こうからは精気を失った弱々しい声が聞こえてきた。できるだけ早く行くことを告げ、仮設住宅集会所の使用許可を取り、そしてカフェデモンクの仲間に連絡をした。

一人の若い僧侶が同行することになった。彼は最近、永平寺での修行を終え、帰ってきたばかりの若者だった。この厳しい場面に耐えられるかいささか心配だった。互いの日程を調整し、二日後に彼女の仮設住宅に向かうことになった。

当日、出発前に確認の電話をする。しかし彼女は出なかった。それでも出発してやや走った頃に電話が鳴る。彼女かと思って電話に出たら、彼女の夫からだった。大量の睡眠薬で自殺未遂を図って、もうすぐ救急車が到着するところだという。

電話の向こうから救急車のサイレンの音が聞こえてきた。今日はこのような状態だから、来なくていいですよ、と慌てた声。そして、すまないという気持ちが伝わってきた。私たちは約束したら、どんなことがあっても行くことにしている。その集会所で待たせてほしいと押し切り、車を走らせ、一時間ほどでその仮設住宅に到着する。

戸数二〇戸ほどの仮設住宅は小高い山の中腹にあった。石巻の平地に建てられた仮設住宅とは雰囲気が全く違う。同行の若い僧侶もその重々しい雰囲気を感じ取ったらしく、顔がこわばり緊張しているようにみえる。

小さな集会所には、管理人から聞きつけた住人さんが五名ほど待っていた。石巻などの大きな仮設住宅には、たくさんのボランティアが関わっていたが、このような場所にはなかなか来ない。私たちの到着を心待ちにしていたようだった。

いつものようにケーキと飲み物でカフェが始まった。ブレスレットとお地蔵様作りでその場が和んでくると、自分たちの経験した苦悩の物語を語り始めた。

若いお母さんが一歳ほどの小さい子供を連れてきた。抱っこして子供に語りかけたが反応がない。その子は脳性麻痺で耳が聞こえないのだという。津波に襲われ身重で冷たい海を逃げたことが、少なからず影響しているとのことだった。

遠くから伝わってくる潮騒を聞くと、亡くなった人が助けてくれと叫んでいる声に聞こえるという老婆。先祖の位牌が潮水に浸かって文字が見えなくなったことを、とても気にしている老人。同じ仮設住宅に住んでいる者同士では互いに気を遣い、なかなか話すことができないのだろう。問わず語りで、それぞれの境遇を語り出した。

幸いにも由紀さんは一命を取り留める。数日して再び電話をする。その日ずっと帰りを待っていたことを伝える。人の心は複雑である。あんなに私と話すことを望んでいたのに、なぜ。私の思い描く筋書き通りには展開しない。それから一〇日後、初めて彼女と会うことになる。そしてその日から今まで、彼女との関係が続くことになった。

震災の日々

彼女は三人きょうだい（姉一人、弟一人）の次女として、気仙沼市で生まれ育つ。裕福な家庭ではなく、幼少期からいろいろと辛い思いをしてきた。

婚姻歴は二回。一回目の結婚は二十代の時、横浜で仕事をしていたときに出会った男性だった。その男性が虎徹の父親である。しかし、虎徹が生後三カ月の頃に離婚。横浜から気仙沼に戻り仕事を探していたときに出会ったのが、二回目の結婚相手のAさんだった。Aさんの実家は民宿を営んでおり、彼女は民宿の手伝いをしながら、やがてAさんと虎徹と一緒に暮らすようになる。Aさんとの間に、女の子を一人身籠る。しかし、予定日の一〇日前に死産し、彼女自身も死ぬ思いをした。二カ月ほど入院し、何とか自分の命は助かったものの、精神的ショックは大きかった。その時、何より自分を支えてくれたのは虎徹の存在だった。

Aさんと虎徹との生活も二年半を過ぎ、ようやく落ち着いてきていた。二〇一一年三月一一日、震災当日の午前中、彼女とAさんは役所で入籍届を提出した。その後、Aさんは仕事に出かけ、彼女と虎徹は自宅に戻って昼食を食べ終わった頃に大きな揺れに襲われる。自宅は山に囲われ、近くに海岸はあるが海は見えない。しかし、山間を流れる川を遡って津波が来たのだ。

虎徹を抱き二階に駆け上がる。泣き叫ぶ虎徹。やがて海水は二階までどんどん上がってくる。虎徹を抱っこしながら、奥の部屋へと逃げた。「ママ怖い、ママ怖い」と、腕の中で泣き叫ぶ虎徹。そして海水が身体の上の方まで上がってくる。水によって身体が床と天井の間に挟まれていくような感じ。全く動けない。ついに顔まで上がってくる。「ママ、怖い……」、幼い虎徹は息を止める方法もわからぬまま、ただ泣き叫んでいた。

気づいたら、自宅から数百メートル離れたところまで流されていた。水からポッと顔を出せたが、そのときにはもう腕の中に虎徹はいなかった。たまたま見ていた人たちに身体ごと引き上げられ、助けられる。「息子が、息子が……」、パニック状態で泣き叫ぶが、誰にもどうすることもできなかった。

やがて自衛隊の捜索活動は次第に打ち切られ始めた。それでも毎日のように虎徹の姿を捜し、田んぼの中を歩いた。由紀の父親も重機で瓦礫を除けて一緒に捜してくれた。玩具と洋服が見つかり、必死で拾い集める。そして震災から二カ月半後の五月二三日、髪の毛が抜け、真っ黒に変色した虎徹が見つかった。一週間後、火葬を終え小さな遺骨となった虎徹は、ようやく由紀さんのもとに帰ってきたのだった。

小さな骨壺の前に布団を敷き、寝たきりの生活を過ごすようになった。ある時には、遺骨を食べたら再び虎徹が自分の胎に宿ってくれるのではないかと考え、骨壺を開けて食べてみようとした。周囲の人がそれを制し、以後、腫物に触わるような状態で、彼女と距離を置くようになった。虎徹の遺骨の前で、彼女は一人だった。

夢の中で助けを求める虎徹の顔。自分だけが助かった罪悪感。そしてやがて薬に逃げる自分。そのような日々が半年ほど続いたある日、夫との間に新しい命を授かった。夫は、子供ができたら、再び生きる張り合いを取り戻すのではないかと考えていた。しかし虎徹に対する罪悪感と、産んでもまた失うかもしれない怖さが襲ってくる。迷いを抱きながら女の子を出産したが、娘が成長するにしたがって、再び虎徹のことを思い出すことが多くなっていった。そして虎徹と娘の間を揺れ動く自分が、どうしていいか分からなくなっていく。

彼女は再び心の安定を失い、育児をおこなうことができなくなっていった。夫は娘を連れて実家に帰り、彼女は一人、仮設住宅で暮らすことになった。

仮設住宅に一人でいると、母親・妻としての役割を果たせない自分に対する自己嫌悪が募り、そしてますます虎徹に対する思いが募っていく。生きる意味が本当に分からなくなっていった。その頃から睡眠剤を大量に飲み、リストカットを繰り返すようになっていった。

何度となく自殺未遂を繰り返しながら、部屋に一人でいたある日、幼なじみから連絡がくる。テレビ番組で見たカフェデモンクのことを教えてくれたのだ。そしてワラをもすがる思いで手紙を書いた。約束の日も、朝から情緒不安定で大量の薬を飲み、リストカットをしてしまったということだった。

光と花の園で
その日、彼女は保健師に付き添われて仮設住宅の集会所にやってきた。テーブルを挟んで向き合って座る。虚ろな目、おぼつかない足元。幽霊のような姿。約束した日はずっと帰りを待っていたことを告げる。こころなしか微笑んだような気がした。

テーブルを挟んで向かい合って座る。部屋には静かな時間が流れ、長く重々しい沈黙が続いた後、彼女は重い口を開く。

「私の子供は、今どこにいるの？」

言葉が全身に染み込んでいく。再び長い沈黙。さまざまな想いが凝縮された沈黙だった。

傾聴活動では、沈黙はとても苦しい時間。留まり続けたい自分と、逃げ出したい自分との闘い。

しかしこの沈黙の時間こそ、自と他が混じり合う時なのだ。そしてこう尋ねた。

「お母さんはどこにいてほしいと思う?」

少しハッとした表情。再び長い沈黙。そして答えが落ちてくるのをじっと待っていた。やがて木の実が熟し、大地に落ちるように想いを語り出す。

「光が溢れ、お花のたくさん咲いている場所にいてほしいと思う」

「そういう場所に行けるように、一生懸命お祈りしようね」

由紀さんは小さくうなずいた。そして、その日は小さな地蔵、虎徹地蔵を一緒に作った。

そして一カ月後、焼き上がったばかりの虎徹地蔵を持っていった。前回と同じように虚ろな目をしていたが、地蔵を見て、にっこり微笑む。

由紀さんは一枚の絵を持ってきた。差し出された絵には、溢れる光の中で美しく咲いている蓮の花が描かれていた。傾聴活動はこちらから答えは出さない。木の実が熟して落ちてくるのをじっと待つ、息の長い作業なのだ。

しかし、落ちてきた答えに満足することはできない。子供を失った母親は、三歩進んで二歩下がる、あるいは、三歩進んで四歩下がることもあるのだ。必ずしもこちらの筋書き通りには歩まない。それから彼女とは、付かず離れずの交流が続いていく。

そして再会――「ママ、がんばって」

月日は五年経過し、間もなくお盆という時、しばらくぶりにメールが届いた。ぜひ会って話したいことがあるという。お盆が終わったら会いに行くと約束する。海岸からは少し山に入った小高い丘の上に彼女は住んでいた。以前のような虚ろな目ではない、しっかりとした目線と、はっきりとした口調で語り出した。

さまざまな出来事が重なり、二回目の結婚相手Aさんとは離婚し、仮設住宅にいた時に出会った男性Bさんと暮らしていた。Bさんは、風の噂で虎徹が津波で亡くなったことを知っていた。Bさんの方も震災で夫婦の関係性が変化し、それまで二人三脚で経営してきた会社も上手くいかなくなり、妻の方から離婚を言い渡されていた時だった。二人は久しぶりに再会し、食事をするようになってから、交際が始まることになった。

友人に誘われて登山を始めたのを機に、Bさんと一緒に登山を始めるようになった。最初に二人で登ったのは、冬の栗駒山。アイゼンを装着して登った。標高の高い岩手山の登山にも二回失敗し、三度目のチャレンジでようやく成功した。

「山に登ると、気持ちが解放されて真っ白の自分に戻るような感じ。日常を離れて自然に還るような感じ」だったという。

そして、秋田県の駒ケ岳に登った時だった。もはや頂上という時、ふと後ろを振り返ると、雲の隙間から光が差し込んでいた。そして光に照らされた場所は、花畑が広がり、たくさんのトンボや蝶々が舞う光景が広がっていたのだ。

「あっ、ここだ！　以前、絵に描いた光が溢れ、花が咲いてる場所は！」

「ここに虎徹がいる」

「私が死んだら、この光景を二度と見ることができない。そしたら私、息子を二度死なせることになる。私、生きなくちゃ！　息子と一緒に、生きなくちゃ！」

登山をする時には、いつも虎徹の写真を携えていく。そしてくじけそうになる時は、笑顔で応援してくれている。バッグから虎徹の写真を取り出して、語りかけた。

「こっちゃん、ママと同じ景色見えてる？」

写真の虎徹は「ママ、がんばって！」と、にっこり微笑んでいた。

六年前、あの小さな仮設住宅で初めて会った時の答えが、彼女の未来の物語に中に織り込まれ始めた。そしてさらに、自分に言い聞かせるように語り続けた。

「生と死は、長い線でつながっているのではないと思う。生と死は裏と表。いつ裏返るか、誰にも分からない。災難も決して人ごとではない。いつ降りかかるか、誰も分からない。だからいまこの場所で、一生懸命生きる。与えられた命を大切に生きる、虎徹と共に。そう思う……」

しかし、それから一カ月後、彼女からメールが入る。昨夜、虎徹の夢を見たという。「ママ、おっぱい」といって、乳房を探している夢だった。朝目覚めると、出るはずのない母乳で胸が濡れていたという。

「和尚さん、私、どうしよう……」

子供を失う辛さは、そう簡単に背負えることではない。ふらふらと揺れ動きながら歩き続けている。そして傾聴活動は、長い道程を揺れ動く心と同期しながら、付かず離れず伴走する作業である。決して結果を出そうとしてはならないのだ。

語ること、生きること

ある日、ＮＨＫから電話があり、震災関連の番組に出演してほしいと依頼された。活動で関わった方のエピソードなどを、話していただきたいということだった。

真っ先に由紀さんのことを思い出した。ＮＨＫにそのことを伝えると、できればお二人で収録させてほしいとのこと。しかし果たして、辛い経験をカメラの前で話してくれるだろうか。恐るおそる彼女に電話をした。すると意外な答えが返ってきた。

「私も、今までのことを話したいと思っていた。震災であれ、病気であれ、また事故であれ、同じように子供を失った母親がたくさんいる。その人たちに、私の経験を伝えたいと思う」と。

震災での経験、カフェデモンクと私との出会い、そしてそれからの歩み。番組はあまりにも内容が深かったので、二回に分けられて放送された。

語り出すこと、体験を他の人に伝えること、それは自分の中に閉じ込められた物語を、少しずつ解き放つことなのだ。虎徹が確かに生きていたという証しは、彼女の口から他の人々の心に伝搬していく。

たった二歳半の命だった。由紀さんと虎徹との物語は、命の儚さ、命の尊さ、そして子供を失った母親の苦しみ・悲しみのありさまを、私たちに語りかけている。虎徹の命には意味があったのだ。彼女の苦しみの日々にも意味があったのだ。虎徹にも使命があったのだ。二人の物語を記憶に留めなければならない。それは私たちの使命である。

その日を機に、震災関連の講演会では、虎徹の名前と写真を公開するようになった。

「福島の原発はどうなってる！」――修験の里、自然と伝統と

この国の宗教や風習は、日本列島の自然風土によって形作られてきた。自然の利用の仕方、向き合い方、折り合いの付け方は、私たちの先祖が長い年月をかけて培ってきた。それを豊かに伝えている宗教が修験道である。東北には出羽三山《でわさんざん》（月山《がっさん》・羽黒山《はぐろさん》・湯殿山《ゆどのさん》）という修験《しゅげん》の山があり、多くの人々の信仰を集めている。

前にも触れたが、震災の年、月山山頂の納経塚《のうきょうづか》に寺子屋の子供たちが書いた写経を納めた。月山は死者が集まる場所。ここに国内外の人々が写経した一万一千巻の般若心経が納経された。発起人は羽黒山伏、星野文紘師。その時の縁で、被災地に向けて放送していたラジオカフェデモンクに出演していただくことになった。

収録の日、羽黒山は深い雪に覆われていた。星野さんが営む宿坊大聖坊で収録が始まる。写経発願と修験道について語っていただいた。

修験道は農耕文化と深い結びつきがある。四季の循環に合わせ、さまざまな行事・儀式がおこなわれている。一〇〇日間の冬の峰修行では一粒の種籾に「穀魂」を入れ、春の峰修行では「穀母」を増やす。農家はその「穀母」を種籾に混ぜ田植えをする。夏には水管理、秋には虫焼きの神事と続く。そういう自然との循環の中に修験道はあった。日本の自然は修験道を生み、修験道は人々の願いを自然に届けた。

大聖坊の檀家は、福島県相馬市や南相馬市が多い。檀家のことを、修験では「霞場《かすみば》」と呼んでいる。そこに住んでいる人々は、地震と津波、そして福島第一原発事故の被害を受けた。原発事故は山川草木、そこに成り立つ命のすべてを汚染してしまったのだ。星野師は、静かな語り口であったが、目は遠くを見据え、笑ってはいなかった。

原発事故は自然を破壊しただけではない。伝統もあっという間に破壊してしまう。南相馬市小高地区に八〇〇年の歴史を伝える同慶寺は、福島第一原発から一七キロの避難指示解除準備区域に建っている。一二一三年に創建され、一三九四年に曹洞宗に改宗。六万石の中村藩相馬家の菩提寺である。中村藩は一度も絶えることなく鎌倉時代から明治の廃藩置県まで続いた家柄である。その歴代の藩主を祀る同慶寺、藩士は年に一度この寺に集い、藩主を偲んでいた。

そこに、原発事故による避難。その後、数年を経て、帰ってくる人、そのまま避難先に定住する人。家族内でも子育て世代は転居し、年老いた父母はそのままの暮らしを続けるという、いびつな分断が静かに進行する。これまで同慶寺を支えてきた人々の分断。支える人々があってこその伝統なのだ。そしてその伝統は、原発事故によって危機に瀕している。

福島第一原発が危機的な状況にあった時、原発を三基立地する県から講演の依頼があった。テーマは被災地の現状と私たちの活動について、である。講演前の打ち合わせの時、あるお願いをされた。原発のことは話さないでほしいとのことだった。

一時間半を予定していた講演は一〇分ほどを残して終わり、質問の時間になると、会場から挙手もせずに大声で「福島の原発はどうなってる!」と、叫び声に近い語調で問いかけられる。一瞬、県の担当者と顔を見合わせる。どうせ、もう講演に呼ばれることはないだろうと腹を括り、自分が体験した原発事故の恐怖、見聞きした福島の現状を残り時間一杯まくしたて、帰りの新幹線の時間があるからと、新聞記者の取材などをさえぎって会場を後にした。

わかめと少年――持続可能な社会

またある時、サスティナビリティ（持続可能な社会）をテーマにしたシンポジウムに招待された。シンポジストは、原発関連企業、法制度の専門家、原子力規制庁の元役人も参加していた。私は人文科学領域での発言を期待されていたらしい。とても場違いな印象だった。

議論の種類には「空中戦」と「地上戦」がある。それぞれの専門領域からデータを駆使し、現実の言葉というよりは理論上の言葉を駆使した議論、それが「空中戦」。理論性はないが、ナラティブ言語を駆使して議論を進めるのが「地上戦」である。私の役目は、空中戦を地上戦に引きずり落とすことらしい。

空中戦を地上から眺めていると、まったく意味が分からない。彼らはデータと論理の迷宮に誘い込むのが得意な人種である。結局は、何を言っているのかさっぱり分からない。私は漁師を目指す少年との物語を通して、彼らを地上に引き戻す試みをおこなう。

石巻市北上にっこりサンパーク仮設住宅。北上地区・十三浜地区で被災された方々が住んでいた。ほとんどが漁業を生業にしていた。その地区で採れるわかめは、格別の味がする。とくに生わかめのしゃぶしゃぶは一度食べたら病みつきになる。カフェの御礼にと、時々採れたてのわかめをいただいた。

その仮設住宅は小学校と中学校に隣接していた。その集会所でのカフェがある時は、学校帰りの小中学生が立ち寄り、ケーキを食べ、飲み物を飲んでいた。そして津波で遊ぶ場所を流された彼らは、集会所に備え付けられたテレビゲームに夢中になっていた。その中に、いつもわかめをいただく漁師の子供がいた。

ある日、その少年はいつものように寝ころびながらケーキを食べ、だらしなくゲームのコントローラーを握っていた。すると突然、そのコントローラーを手離し、近づいて来た。

「おれさ……、考えてることある」

「なに、おまえでも考えてることあんのか、言ってみろ」

「おれさ、大人になったら漁師になる」

「だけんど、おまえんとこ、船も網も津波で流されたんじゃないのか」

「うん、だけど、都会に働きに行ったら、いろんなもの奪われてしまう。だけど、海はいろんなモノを、タダで与えてくれるからさ」

無性に嬉しくなり、少年をきつく抱きしめた。

「苦しい！　苦しい！　離せ～」

「いいから、少しこのままでいろ」

しばらく思いっきり抱きしめ、そしてその腕を緩めて言った。

「いいか、最初に採れた魚は、おれに食わせろ。約束だぞ」

「わかった。ああ、苦しかった」

そしてまた元の場所に帰り、ゲームに夢中になっていた。

地元では三陸の海を「太平洋銀行」という。その海は決してデフォルトしない。時々貸し渋りはするが……。

二〇〇キロ先の海には、汚染水が今も垂れ流されている。少年の夢を叶えさせたい、切にそう願う。それは私たち大人の責任なのだ。


シンポジウムは、それぞれ言いたいことを言って終わる。すると、隣にいた原子力規制庁の元役人が、「金田さん、この国はね、責任を取る人が誰もいない国なんですよ」と呟くように話しかけ、その場を去って行った。このシンポジウムで一番納得した言葉だった。

ナラティブ言語、それは直感言語、超論理言語。少年の直感言語は、どんな理論とデータを駆使した言語より、力強く人を納得させる力がある。

三陸の海と巨大な防潮堤

ある日、友人から落慶法要の案内が届く。津波に襲われた本堂の修復を終えたというのだ。彼とは大学時代から親しく交流を重ね、互いに頼りにし、支え合っていた。

彼の寺「高源院」がある石巻市雄勝町《おがつちょう》の雄勝湾は、三陸海岸の中でも、とくに深い入り江になっている。かつて伊達政宗は、サンファンバウティスタ号をこの地で建造させた。深い湾内は幕府の目を逃れる格好の場所だった。近辺の山々にはイヌワシが生息している、自然に囲まれた美しい町である。

雄勝町分浜《わけはま》は六〇戸ほどの集落。その小高い丘の中腹に高源院は建っている。震災前に庫裡《くり》が新築され、何度か泊めてもらった。窓を開けると、潮騒が聞こえ磯の香りが漂ってきた。豊かな海はすぐ目の前に広がっていた。

3・11地震発生後に起こった津波。テレビでは六メートルと放送されたが、ここ雄勝湾は細長く奥深い。海岸に到達する頃には、その何倍にもなるのだ。大津波警報と同時に、指定避難所になっていた高源院には人々が集まり始めていた。

本堂から海を見ていた友人は、はるか沖合から馬の背のようにせりあがってくる波にただならぬものを感じ、この寺をはるかに超える津波の到来を確信した。本堂に受け入れてから再び高台に移動している暇はない。本堂に入ろうとしている住人を制止し、皆で寺の裏山にある墓地まで急いで逃げた。すると、すぐ津波が陸を滑るように押し寄せ、たちまち本堂の屋根の上にまで達したのだった。いったん本堂が浮き上がったが、津波が去ると、幸いにも元の土台に戻っていた。

彼の機転で、この地区での犠牲者は寝たきりだった老女一人だった。

音信不通だった携帯がつながり、彼の生存が確認できたのは、三週間ほど後のことだった。寺までの道路が開通したのを知り、妻とお見舞いに行く。変わり果てた分浜がそこにあった。友人は、かつてこの寺の門柱があった場所まで出迎えてくれた。再会した時、彼と彼の妻、そして私と妻の四人は、瓦礫の山を見ながら不思議なことに思わず大笑いしたのだった。そして彼は言った。「津波で本堂が浮き上がり、そして再び元の土台に収まった。これには意味があるはずだ。必ず再興させる」と。無言で彼の肩を抱きしめた。

あれから四年、やっとその日を迎えることができたのだ。しかし、その寺は住むことができない地区になってしまった。彼は今、震災前から縁のあった内陸の寺で住職をしている。

大津波に襲われた海岸線には、巨大な防潮堤が建設され続けている。かつての三陸海岸を知る者にとって、それは異物でしかない。海は人々の行き交う道からは、ほぼ見えなくなってしまった。三陸の美しい海と陸とは防潮堤で分断されてしまったのだ。

しかし、どんなに高く強靭な防潮堤でも、人の命は自然に委ねられていることを知らなければならない。三陸の海で生きるということは、安物のヒューマニズムでは到底太刀打ちできない。海に向き合う人々は、海との繊細な対話の中で生業を得ているのだ。自然を人間の力でねじ伏せることはできない。生も死も自然に委ね、自然と折り合いを付けながら生き続ける。そこに深い宗教心や豊かな文化が育まれる原点があるような気がしてならないのだ。

被災地に咲く花――晋山式

四十九日、一周忌追悼行脚の出発地は南三陸町戸倉海蔵寺であった。この寺の住職は私の又従兄弟にあたる。津波は寺のすぐ近くで止まり流出はまぬがれた。しかし、本堂は遺体の仮安置所になり、多い時には五〇名ほどの犠牲者の遺体が並べられた。住職が当時のことを語る時は、目が空を泳ぎ、言葉に感情がなくなる。かえってそれが、その時の地獄のような様子が伝わって、胸に迫ってくるのだった。

震災の前年からこの寺では大きな行事が計画されていた。それは住職就任式である「晋山式《しんさんしき》」と「結制《けっせい》」である。「結制」の中でとくに重要なのは、「首座法戦式《しゅそほっせんしき》」である。

法戦式は禅宗では極めて重要な行事とされている。釈尊在世の折、弟子の摩訶迦葉尊者《まかかしょうそんじゃ》に自分の座を譲り説法をさせたことに由来している。やがて仏教が中国に伝わり、禅宗の流れの中で「江湖会《ごうこえ》」となる。江湖会の期間は三カ月。その間、修行僧は一カ所に留まって修行をおこなう。それを「結制」と呼んだ。そして期間中、修行僧の先頭に立つ僧侶を「首座《しゅそ》」あるいは「第一座《だいいちざ》」といった。

曹洞宗が日本に伝わり、長い歴史風土の中で変容を遂げ、現在では「晋山式」の中に織り込まれて、「首座法戦式」がおこなわれることが多い。

新任の住職は、釈尊と摩訶迦葉尊者の故事に習い、結制中に首座を迎え、自分の座を譲り、説法をさせる。そして修行僧は互いの境地について、法問《ほうもん》を戦わせるのである。この行事を通して、新任の住職は「和尚」の位から「大和尚」へ、首座は「上座《じょうざ》」から「座元《ざげん》」へと位がすすむ。

二〇一二年に向けて晋山式の計画は進んでいたが、震災で寺の檀信徒の家は半数が壊滅状態となり、ほとんどが仮設住宅での暮らしを余儀なくされていた。また犠牲者や行方不明の方も大勢いた。このような状況では、晋山式どころではなかった。計画は中止かと思われたが、高齢の母を世話しながら仮設住宅で暮らしていたこの寺の護持会長、阿部壽男《あべとしお》さんが声を上げた。「こういう時だからこそ、やりましょう！」。そう言って檀信徒を鼓舞したのである。晋山式は二〇一三年一〇月五日と六日、二日間にわたっておこなわれることが決まった。そして「制中首座《せいちゅうしゅそ》」に私の長男諦晃に就いてほしいと打診される。

長男は二〇一二年三月一二日、震災一周忌の翌日に、大本山永平寺へと修行に上がり、一年半が過ぎていた。その時、長男は宗祖道元禅師のご霊廟に仕える役目をしていた。朝は二時半から夜九時まで、あたかもそこに生きておわしますがごとく仕えていた。そこはまさに時空を超えた空間だった。

早速、連絡を取り意向を伝えた。そして首座を受けることを了解した。

二〇一三年一〇月六日、晋山式当日は秋晴れだった。本来なら新任住職は身支度を整える「安《あん》下処《げしょ》」という家から寺へと向かう。安下処は護持会長の家が充てられたが、津波で流されていたので、小高い場所に建てられた仮設の安下処からの出発になった。そこから古式にのっとり行列を組み、寺へと向かったのである。

先頭は稚児行列。幼稚園、小学校低学年の子供たち三〇名ほどだったが、両親や祖父母が両脇に付き添い大行列となった。その行列の進む道は、私たちが四十九日追悼行脚の時、ヘドロと遺体の臭いの中を歩いた道、そして一周忌追悼行脚では、再生の風を受けながら歩いた道。

その道を今度は、海岸から寺に向かって進んでいく。津波ですべてが流され荒涼たる風景の中を、稚児衣装に身を包み一輪の花を持った子供たちを先頭に、新任住職や役目の僧侶、そして寺役員が続く。

この地区は有史以来、幾度かの津波に襲われた。そしてそのつど、あたかも踏みつぶされた雑草が息を吹き返し、再び花を咲かせるように蘇ってきたのだ。行列は道ばたに幾つもの花を咲かせ、そして寺の山門へと吸い込まれていった。

日本という風土の中で培われてきた信仰の力。その力強く素朴な信仰は教義的言語を超越する。そしてその日、そこに極楽浄土を見たような気がした。

法戦式にて

曹洞宗において、「法戦式《ほっせんしき》」は一人前の僧侶と認められるためには必ず通過しなくてはならない重要な修行である。進退作法の練習は念入りにおこなわれるのが本来であった。また、交わされる禅問答についての用意もしなければならない。

しかし、永平寺で修行中の身であるのに加え、九月二九日は道元禅師のご命日である「御征忌《ごしょうき》」が厳粛に営まれる。霊廟に仕える僧にとっては、一番多忙な時であった。手紙の往復と特別に許可された電話で、手短かに打ち合わせをする。そして「御征忌」を無事勤め、帰山したのは一〇月一日だった。

禅問答は、祖師方の悟りの契機や境地を記録・解説した『従容録《しょうようろく》』から、「達磨《だるま》廓然《かくねん》」の話を選んだ。この題材について僧侶たちは法問を交わす。この日はさらに、カフェデモンクで被災地を巡回している三人の僧侶も、その問者《もんじゃ》に加わった。彼らからの問いは、まさに被災地・被災者から、永平寺の雲水へ向けられた問いであった。

「大自然の猛威によって、ある人は大切な人を失い、またある人は生きる糧を失った。また、ある人は自分をも殺めようとしている。僧侶として何ができると思うか！」

「ただひたすらに、心に寄り添う」

「心に寄り添うとはどういうことか、さらに一句、指示したまえ」

「今回の東日本大震災、ここ戸倉の地区でも、ある人は家を失い、ある人は職を失い、また、ある人は親、兄弟、子供、孫、曾孫を失う。その悲しみ・苦しみは、海底に沈む錨のごとく重く人々に圧しかかり、その傷はいまだ癒えず。

その悲しみ・苦しみを我がことと受け止め、ただひたすら共に歩まん。道元禅師の曰《いわ》く、『同《どう》事《じ》というは不違《ふい》なり、自にも不違なり。譬《たと》へば人間の如来は人間に同ぜるが如し。佗《た》をして自に同ぜしめて、後に自をして佗に同ぜしむる道理あるべし。自佗は時に随うて無窮《むぐう》なり。海の水を辞せざるは同事なり。このゆえに、能《よ》く水聚《あつ》まりて、海となるなり』。このことに尽きる！」


「津波で多くの人が亡くなった。亡くなった命は何処へ行ったのか！」

「汝が胸の内にあり」

「汝が胸の内にありとは、さらに一句、指示したまえ」

「我は永平寺を開かれし高祖道元禅師様のご霊廟に仕える僧なり。姿は見えず声は聞こえずとも、あたかも生きておわしますがごとくお仕えすること、半年。ある早朝、礼拝の折、道元禅師様のお姿を眼前に感じ、感涙《かんるい》にむせぶ。妙法蓮華経如来寿量品偈《みょうほうれんげきょうにょらいじゅりょうぼんげ》に曰く、『一心に仏を見たてまつらんと欲し、身命を惜しまざれば、我および衆僧はともに霊鷲山《りょうじゅせん》にいずるなり』。亡き人を想う、亡き人と共に歩む、亡き人と共に生きる、亡き人は汝が胸の内にあり」

「自然とは、ある時は花となって人を喜ばす、ある時には地震津波となって人より多くのものを奪うではないか！　我々はこの自然にどう向き合ったらいいのか！」

「すべてを受け入れるべし」

「第一座！　すべてを受け入れるとはどういうことか、さらに一句、指示したまえ」

「ここ戸倉の海は、ある時は豊穣なる海の幸を与え、またある時は津波となってすべてを奪う。これすなわち諸法の実相なり。ある時は喜びを与え、ある時は無情なる悲しみを与える。これすなわち諸法の実相なり。第一義なり。このごとくの諸法の実相を、ただひたすら黙々連綿と、生き続けるしかないのである。すべてを受け入れ、さらに一歩進むべし。すべてを受け入れ、共に歩まん！」


その法戦式には、海蔵寺のほとんどの檀信徒が参加していた。津波で家を失った者、大切な人が流された者、それぞれが地獄の日々を過ごしてきた。問答がすべて終わった時、それまで静まっていた堂内から、すすり泣く声、じっと天井を見つめている人、固く握りこぶしを握り、涙をこらえている人の姿があった。

二〇一二年三月一二日、永平寺に送り出す時に、こう諭した。

「今後一切、こちらのことには気持ちを向けるな。ただひたすら七五〇年の仏祖の時空に身を委ねよ。君たち雲水が黙々と修行しているから、私たちは被災地に向き合うことができるのだ。本山と被災地は大きな輪でつながっているのだ」と。

それから一年半後、ここ戸倉の地で、本山と被災地が大きな輪でつながったことを目の当たりにした。そして長男は晋山式・法戦式が終わると、再び雲水となり、永平寺へと帰って行く。そして私たちは、何ごともなかったかのように、再び被災地へと向かう。

得度式

晋山式前日、一人の少年が僧侶としての道を歩み始めた。その少年が育ったお寺は津波で土台ごと流された。後に残されたのは、寺の名前が書かれた石柱だけだった。曹洞宗では一一歳を迎えると、得度《とくど》(僧侶として歩むことを誓うこと)を受けることができる。その少年は一一歳、小学校五年生だった。

得度式をするにもお寺がない。そこで、この海蔵寺を借りての儀式だった。師匠である父親から僧侶となる決意を問われる。そして守るべき戒律を授けられ、やがて頭髪が剃り落とされる。この日のために檀家が用意した法衣を身に着け、僧侶としての一歩を踏み出した。

彼の継ぐべき寺はいつ再建されるか分からない。檀家もすべて流されて仮設住宅に住んでいるのだ。それでも僧となり、浜辺に住む人々の心を支えようとしている。どんな小さな浜辺の集落にも寺は必要なのだ。寺を中心として人々はつながり、生者と死者は出会う。まだ幼い僧形の少年を思わず拝んでいる自分がいた。

嵐の日に

東北大学大学院に設けられた実践宗教学寄附講座は、全国から志のある宗教者を集め養成を進めていた。被災地での研修は、初日は被災地行脚、そして座学と実習を二泊三日の日程でおこなっていた。座学の主な内容は、被災地で活動する宗教者、宗教学、スピリチュアルケア、ロールプレーを通した傾聴、臨床宗教師が守るべき倫理綱領などが講義され、私も講師の一人となった。二〇一三年一〇月一五日、研修会場となった石巻市鹿又統禅寺《かのまたとうぜんじ》での座学を終え、外に出ると少し強めで生暖かい風が吹いていた。朝の天気予報では超大型の台風が日本列島を縦断するとのことだった。

そして、その進路は明らかに石巻を直撃する進路を取っていた。明日一六日は、石巻大橋仮設住宅での実習が予定されている、果たして開催できるのか。不安な一夜を過ごした。

翌日、栗原は嵐の中にあった。早朝に大橋仮設団地自治会長の山崎信哉さんから電話が入る。石巻も大嵐で、今日来たら確実に死にますよ、中止にしてくださいとのことだった。電話口からは風で物が飛ばされている音が聞こえてきた。

行くと言ったらどんなことがあっても行く、それが我々のモットーだ。誰に相談することもなく、軽トラックに積んだ荷物を降ろし、カフェができる最低限の荷物を愛車ボルボに積み込んだ。いくらかでも車高が低い方が安全だろう、そう思ったからだ。妻も行くと言い出した。後で聞いたところ、危険がせまったら私を止める役割だったという。

風雨はますます強くなってくる。幸い三陸道は通行止めになっていなかったが、反対車線ではトラックが横倒しになっていた。なんとか集会所に辿り着いたが、仮設住宅集会所の外には誰もいなかった。

玄関の扉を開けると、そこには一足の女性用の靴があった。少し広めの集会所の奥にはソファーが置かれており、そこに私たちの到着を待っていた一人の老女が座っていた。そして言った。

「和尚さん、息子の位牌、持ってきた？」

ああ……、そうだった！　前回ここに来た時、亡くなった息子さんの位牌を作ってくる約束をしていたおばあさんだったことを思い出す。荷物の積み替えをして急ぎ出発したので、しばらく走った後、位牌のことを思い出し、寺に引き返したのだった。

息子は五十代で独身。その老女と暮らしていたが、三カ月前、仮設住宅で亡くなった。脳溢血だった。近くに縁者がいるわけでもなく、お寺との付き合いもない。茶毘に付し遺骨は埋葬せず、まだ部屋に置いてあった。前回の訪問の時、事情を聴き、俗名の位牌を作ることを約束したのだった。車に位牌を取りに行き老女に手渡すと、その位牌を胸深く抱きしめていた。そして、雨の中を自分の部屋に戻っていった。

この嵐の中、私を待っていてくれる人がいた。もし来なかったらどうなっていただろう。私たちは何時も「覚悟」が問われた。いや「覚悟」が私たちを試していたのだろう。最初から「覚悟」があったわけではなく。「覚悟」は現場から私たちを問い続けた。

やがて自治会長が私たちの車を見つけ、嵐の中をやってきたことに驚いた表情をして入ってくる。「大嵐でも、行くと言ったら必ず行きます！　会長さん、止まない嵐はない。過ぎない悲しみはない！　この嵐、あと一時間もすれば止んで、台風一過、青空が広がりますよ！」と、いつものように無責任に言い放ち、大笑いをしてみせた。

来てしまえば、何とでも言えるのだ。しかし、それが本当になったのだ。台風は仙台湾を過ぎると急に進路を変え、三陸沖に曲がったのだった。大ホラのつもりだったが、それが本当になってしまったのだ。

臨床宗教師養成講座の宗教者が次々に到着する。住人さんも台風が小康状態になったのを見計らって、三々五々集まってきた。私たちは台風のことなどまったく気にかけないそぶりで皆を迎え、カフェが開店した。

花束――拈華微笑

カフェには必ず綺麗な花束を持参し、テーブルに飾っていた。そしてカフェの終わりに、参加してくれた住人さんにプレゼントをしていた。この日、六束ほどのうち五束は、誕生日や大切な人の命日が近い人などに差し上げ、一束が残った。

近くにいたスタッフの若い僧侶に「これ」と言って差し出すと、無言で受け取り、すぐ玄関に向かった。この僧侶は、私と位牌を受け取りに来た老女とのやり取りを近くで見ていたのだった。この大橋仮設住宅は六〇〇戸ほどの大きな仮設住宅。集会所からあの老女の住む部屋まではかなりの距離があった。老女はあの嵐の中を、傘も差さずに歩いてきたのだった。しばらくして帰ってきた僧侶の目には涙が浮かんでいた。

仏教を学ぶ者ならば知らない者はいない「拈華《ねんげ》微笑《みしょう》」の話。ある日、霊鷲山《りょうじゅせん》のいただきで釈尊が一輪の蓮華をひねったのに対し、摩訶《まか》迦葉《かしょう》尊者《そんじゃ》が微笑で応えたという逸話である。仏陀と摩訶迦葉尊者との言葉を越えた響き合い。真理はこのように伝わっていったのだ。

彼はこのことから大切なことを学んだに違いない。臨床宗教師の感性は、現場に向き合うことによってしか深まらないのだ。言葉だけではとうてい伝えることができないのだ。

三度目のクリスマス――闇から光へ

クリスマスの時期は一年で一番太陽が姿を現している時間が少なく、光が失われる時期。とくにキリスト教に限らず、日本の古来よりの風習でも、この時期にさまざまな行事がおこなわれる。光が失われ闇に包まれるというこの時期は、太古より人類にとって特別な時期なのだ。

そしてキリストの誕生を境に少しずつ光が増してくる。世に再び光をもたらしたイエスの誕生に重ね合わせておこなわれるのが、クリスマスであるという。そして、被災地に三度目のクリスマスが近づいて来た。この頃から少しずつ光が失われ、闇が深まっていくように、自分自身の心と体に変化が現れ始める。

震災からこれまでを振り返ってみると、神がかりのような日程を歩んできた。

カフェは基本的には週一度。しかし、どうしても行かなければならない場所があると、時には二回行くこともあった。こころの相談室の会議は、初年から二年間は週に一度、三年目からは一カ月に一度。ラジオカフェデモンクの収録は週に一度。その段取りや下準備もしなければならなかった。

岡部先生のお葬儀。お墓探し。追悼シンポジウムの準備。二年目の終わり頃より、少しずつ講演などの依頼も多くなっていく。メディアの取材は日本だけでなく海外からも来るようになった。被災地での出来事を伝えるのが役割であると思い、よほどのことがない限り受けた。

テレビやラジオ番組の制作、出演。二〇一二年から始まった臨床宗教師養成講座はカフェデモンクが実習の場所である関係で、その下準備を慎重に進めなければならない。震災の年は、宗派のほとんどの行事は中止になったが、二年目からは通常に戻っていく。役職に就いていた関係でそれも疎かにできない。一般的に宗教者の被災地支援は二年程度と言われている。しかし、被災地の状況は撤退を許すような状況ではない。

また、当然のこととして、お寺としての通常の業務もこなさなければならない。葬儀・法事・供養、そして春秋彼岸、お盆の諸行事。お祭りや寺子屋。父はすでに引退しており、子供たちは長女と次男が学生、長男は永平寺での修行中なので、ほとんどを一人でこなさなければならなかった。

さらに、震災の年の四月より、宮城県山元町で被災した妻の母をお寺でお世話しており、高齢ゆえにさまざまに心を配らなければならなかった。妻には姉がおり、義母の近くに家を建てて住んでいたが、同じく山元町で被災し、自分たちの生活を再建するので手一杯だった。義母が住んでいた自宅の再建や諸手続きはすべて妻がおこなった。私たちの活動を支えながら、悩みながら忙しい日々を送っていた。その妻にも疲労が蓄積されていく。

二〇一三年一二月一〇日、京都花園大学に招かれる。関東圏は被災地に近く、講演していてもその反応が伝わってくる。しかし、被災地から遠ければ遠いほど、そのリアリティを伝えるにはかなりの集中力が必要で、かなり疲弊した感覚がある。その日、終わってすぐに宮城に帰り、次の日は宗派関係団体で講演、そして翌日は臨床宗教師研修と続く。

一二月二三日は石巻北上にっこりサンパークでのカフェデモンクの開店。一カ月前から約束をしていたので、疲れていても中止することはできない。予定を立てたら必ず行く、それが私たちのモットーなのだ。ましてその日はクリスマス会を開くことになっており、心の相談室で協働していた川上牧師に、クリスマスのお祈りをしていただくことになっていた。

当日、集会所にはいつものお年寄りや子供たちが集まってきた。この日は少し趣向を凝らし、ポン菓子製造機を持参していた。川上牧師の素晴らしい祈りの後、製造機を津波が襲ってきた方向に向ける。大音響とともに、はじけるようにポン菓子ができた。

何回目かの時、製造機に米を入れ、蓋を閉めている時、横っ腹に痛みを感じる。その痛みは数日続き、その日を境に、体と心が闇の中に入っていくように動かなくなった。思考が前に向かない。焦れば焦るほど、心が不安定になる。倦怠感が体中に広がる。「鬱」……、一瞬その言葉が頭に浮かんできた。

宗教者は真面目で使命感に燃えている人が多い。かえってそれが仇となってしまう場合が多いのだ。ある宗教者は、教団からの派遣ボランティアとして被災地で活動していた。一〇日間ほど現地に滞在し、それが終わると再び東京の本部へと戻っていく生活を続けていた。その繰り返しが二年ほど続いた。震災から時が経過するほど、次第に本部と現場との温度差が生じてくる。また、活動を支える家族との間にも微妙な亀裂が生じてきたのだ。

また、きめ細やかな支援をするためには現地の習慣や言語の使い方、そして価値観を理解することが重要であるが、転勤の多いキリスト教の牧師にとって、そのことに習熟することはかなりの負担なのだ。最終的には「共感疲労」「燃え尽き症候群」に襲われ、そして被災地を去って行くことになった。

そういうことは少なからずあるのだ。だが、まさかこの自分が……。はるか宇宙の彼方からの視点と、地上での視点。自分なりにそのバランスを取ってきたつもりだった。しかし、いったん暗闇に入ると、這い上がることは容易ではなかった。


しかし、「鬱」状態に気づいたのは幸いだった。「休もう」、そう決断した。毎日テレビの前に座り、古い映画をなんとなく見る。筋書きなどどうでもいい。テレビをつけたところから見て、疲れたら消す。その繰り返しの日々を送った。

その頃から、温泉に通うようになった。お寺から三〇分ほどのところに有名な鳴子《なるこ》温泉郷がある。その中に川渡《かわたび》温泉という開湯四〇〇年近い温泉があった。その硫黄泉のお湯は体の芯まで温まる。その温泉に二日に一度ほど通い始めた。

震災の時、この温泉は南三陸町で被災された方々の二次避難所になっていた。彼らはそこから被災地に通い、家や事業所を復興していたのだ。そして夜はこの温泉に浸かり明日への力を得る。考えてみれば地震や津波を起こす力と、この温泉を与える力は同じ力なのだ。自然の力は津波を起こし、そして傷ついた人々を温泉で癒す。そういう循環の中に私たちの命があったのだ。

その頃は午後四時頃になるともう日没を迎え、闇の時間が訪れる。脳内が固まったように思考が前に飛ばない。火葬場で読経ボランティアをしていた時、参列していた人々が無表情で立っていたことを思い出した。きっと自分もあの時のあの人々の表情と同じだったのだろう。

二年続けた命の年越しそばも見送った。正月は、公的支援にせよボランティア支援にせよ、一番手薄になる時期であったが、正月、二月とカフェの予定は入れなかった。最低限の仕事をこなしながら過ごす日々が続いた。

「やっと私たちの仲間になったね」

震災前、自殺防止ネットワークで指導を受けた篠原鋭一師に相談した。彼はにっこりと微笑んで意外な言葉を返された。

「金田さん、あなたもやっと私たちの仲間になったね」

二四時間体制の自殺防止活動にはこちらの都合はない。いつ電話が来るか分からない。常に携帯電話を握りしめている。それぞれの事情は深く複雑だ。一時間二時間、時にはそれ以上話し込むことがある。当然こちら側の負担も大きい。その間、公私の仕事は滞る。そして家族との関係も微妙になってくるのだ。次第に疲労が蓄積し、やがて燃え尽きる。先輩たちはそれを乗り越えて、今があるのだった。篠原師の言葉は、私にちょっと別の角度からの視点を与えてくれたような気がする。

やがて三月が近づき、季節は確実に春に向かっていた。大地には少しずつ光が戻り、そして萌え始めてきた。その頃から、まるで嘘のように体に力が湧いてくる。いったいこの力は、どこから来るのだろうか。なにか私を越えた大きな力にもよおされている感覚だった。それを神の使命と言ってもいい、弥陀の本願と言ってもいい、そういう力がストンと落ちてきた。

それは一周忌行脚の時、海岸を吹き抜ける再生の風の中で、超人称の生死を感じ取った、あの時と同じ感覚だった。そして闇を潜り抜け、光にもよおされて復活した自分がいた。

「自力と他力」「悟りと救い」――鎌倉仏教以来、この正反対のベクトルは日本仏教の潮流となって、日本人の精神性を深めていった。この二つの相矛盾するベクトルの綱引きの中で、現場に向き合う宗教者は鍛えられ、深められていくのだろう。

振り返ると、震災以来、どこか自分の仕事にしていなかっただろうか。どこかに自分の計らいはなかっただろうか。力みはなかっただろうか。自分を支えている人々に配慮していただろうか。

二年前、日野原重明先生に出演していただいたラジオカフェデモンク収録の後、雑談での会話を思い出した。

「一〇〇歳を過ぎて、まだやらなければならないことがあるとお聞きしました。先生の手帳には、この先二〇年ほどの予定が書かれていると聞いています。お疲れになりませんか」

すると、少し時間をおき、少し微笑みながら、こうお答えになったことを思い出す。

「金田さん、私の仕事を私の仕事としていたら疲れますが、これらの仕事は神様から与えられた使命なのです。私は神様の道具に過ぎません。道具は使えなくなったら終わり。そしてその時は、神様に召されるときなのです。ですから決して疲れないのです」

その頃から、私たちの活動から力みが抜け、まるで観世音菩薩が遊化《ゆうげ》するかのごとく、飄々とした活動に変化していく。

色即是空――「そらいろユートピア展」

そして、その様子を現代美術の立ち位置から観察している人がいた。彼との交流を通して、私たちの活動が現代アートの地平から解釈され、さらに大乗仏教哲学で理論武装していく。

それはちょうど私が身心のバランスを崩し、長い暗闇に向かって落ちていこうとしている頃、十和田現代美術館特別企画展のキュレーター小澤慶介氏から、ぜひカフェデモンクに参加させてほしいとの連絡があった。とある大学の震災関係シンポジウムで私たちの活動を知り、興味を持ったということだった。

今まで現代美術などまったく縁がなかった私はいささか戸惑った。活動も三年も経過すると、あらゆるメディアや学者が訪ねてくるようになっていた。また報道を通じて、私たちの活動はさまざまな分野の人々に知られるようになった。だが、よほどのことがない限り受け入れていた。そこにいる人にしか語れないことがたくさんあり、被災地の現実を伝えるのも、私たちの大切な役割だと思っていたからだ。

そして二〇一三年一二月二三日、北上にっこりサンパークでおこなわれたカフェデモンクに同行してもらった。その日は三度目のクリスマス会。牧師さんも参加して祈りを捧げ、私たちが大きな機械でポン菓子を作ってはしゃぎ回っている様子を、彼は少し離れた場所から眺めていた。

そして年が明けた二月六日、再び来寺し、カフェデモンクの現代芸術的意味と、特別展全体の主旨説明を受けた。

「カフェデモンクは、確たる目的や計画を持たない代わりに、プロセス自体であることが素晴らしい。宗教者が集い、困難に直面している限り無限の活動が続く運動体に感じます。

美的なものを『Aesthetic』（エステティック）と言います。これには古代ギリシア時代から『感性的なもの』という意味があり、肌触りや手触りで得た感覚を世界に投げ返していくという、

『何かを変えていく、潜んでいる力』のことです。

カフェデモンクにはこうした要素がたくさん詰まっているように思います。つまり、体制的な宗教のきまりごとにしたがって活動するのではなく、金田和尚や吉田和尚、川上牧師など、個人の感覚や感性にしたがって活動するうちに、グルーヴが生まれ、それが被災した人たちの心に及んでいく。僕にとっては、カフェデモンクは、美的な活動であるのです。

インスタレーション（空間芸術）は、作品の表現形式である『絵画、彫刻、写真、映像』などの一つであると考えています。そらいろユートピア展では、作品が鑑賞者へ呼びかけるような展示を心がけます。それは、震災から時間が経ち、冷たい社会に戻っていく前に、3・11直後に見られた人々が自発的に助け合う小さなユートピアのような空間とは何だったのか、というのを考えたかったからです。ですから展覧会は、3・11によって現れたそうした空間と人々のコミュニケーションを軸として組み立てます」

そして、カフェデモンクの活動を十和田現代美術館で開催される特別展「そらいろユートピア展」にインスタレーションの一つとして展示させてほしいとのことだった。

申し出があってから三カ月の間、私と小澤氏は何度も打ち合わせをおこない、展示物と展示方法が決まった。私たちがカフェデモンク号で巡回した地域のジオラマ。物語を動かしたカフェデモンクの小道具たち、お地蔵様、位牌。記録していた写真とそれに添える言葉。そして会場には関わった人々が、カフェデモンクについて語るビデオが流された。

二〇一四年四月一九日開館の当日は、キュレーターの小澤氏と私とのオープニングトーク。小澤氏は私とのトークをこう締め括った。

「二〇一二年や二〇一三年の頃、3・11を経てまた元に戻っていく社会に疑問を持っていました。3・11では、千年に一度と言われた巨大な地震が日本の東半分の社会活動をすべて止めました。社会のインフラが壊れ、交通や電気が止まったとき、人々は困った人たちに声をかけ、手を差し伸べたと記憶しています。それが、震災から時が経てば経つほど、そうした人間的な温かいやり取りは失われていったような気がしています。そしてまた元の数の論理で動く資本主義の冷たい生活に戻っていくように感じました。

そのような時に、金田和尚やカフェデモンクの方々と会い、『二〇一二年の一周忌追悼行脚で志津川湾を訪れた時に潮の香りが戻った』というお話に触れました。ここには経済の論理で動く社会よりもさらに大きい、この惑星の因果を感じました。そしてそれが、カフェデモンクの人間的な活動と響き合って、僕は温かい気持ちになったことを記憶しています」

この日から九月二三日まで、約五カ月の展示となる。そして七月二〇日には、現代美術館の前庭に実際にカフェデモンクを開店する。カフェモンク号にいつもの喫茶道具と小道具たちを積み込む。十和田市までは二七〇キロほどの長い道程だ。カフェデモンクのメンバー吉田裕昭夫妻、川上直哉牧師ご家族、看護師の千葉由美子さん、ラジオカフェデモンク・パーソナリティの板橋恵子さん、そして私の妻が参加した。

真っ白い壁が美しい美術館。手入れの行き届いた芝生の前庭には、カフェモン号を中心にテントが張られ、あっという間にカフェ空間ができる。そしてケーキとお茶で来館者をもてなす。そして、被災地で物語を動かし続けたお地蔵様作り。やがてカフェデモンクと来館者は互いに響き合い、一つの芸術作品となっていった。震災前にはまったく縁のなかった現代芸術の世界。宗教を宗教の側から見ていては絶対に持ちえなかった視点は、「そらいろユートピア展」のパンフレットの中の一文にあった。

「本展では、この時に、そうした創造力と愛に満ちた空間が、どのようなものであるのかについて、芸術作品や震災後に見られた活動を通して迫ります。仏教の般若心経に出てくる世界観「色即是空」において、「空（そら）」は世界全体の響き合い、そして「色」はすべてのものを指しています。世界が形を変えながら巡るなかで、あの過酷な日々を超えようとしている人々の力のありかに、もう一度向き合う試みです」

そして「そらいろユートピア展」では、カフェデモンクのほか、次のような内外のアーティストの作品が展示された。それぞれの作品や企画は互いに響き合い、約六カ月の間、一つの作品としてユートピアを表現し続けていた。

フェデリコ・エレーロ
色とりどりの絵画を壁のあちらこちらに配置するとともに、それを取り囲むようにさまざまな色彩を壁に描きこみ、大きな風景画《そらいろユートピア》を制作した。鑑賞者は、色が溢れる世界にひととき包みこまれた。コスタリカ在住。

中崎《なかざき》透《とおる》
十和田市民から依頼を受けて中崎が作った看板と、そのために交わした契約書が、市内のアーケードで展示された。注文どおりに作らない中崎は、私たちが知らぬ間に前提としている経済活動とコミュニケーションをささやかに逸脱し、鑑賞者の微笑みを誘う。

三田村《みたむら》光土里《みどり》
三田村自身が、久しぶりに友人と再会したときの会話と街を映し出した映像作品《Till We Meet Again》を出品。作品名は、一九一八年のアメリカのポップソングで、離れ離れになった恋人たちの気持ちを歌った名曲。過ぎ去った日々がメロディーと共にあたたかく蘇る。

守　章《もりあきら》

守章の郷里である石巻市と、上京して住んだ豊島区をインターネットでつなぎ、それぞれの日常の音を展示室にてライブ配信した《終日近所》と、全国各地で夕方の『故郷』や『家路』などの音源を録り集めた《終日》を発表。日常の中に防災放送の気配が漂う作品。

山本　修路《やまもとしゅうじ》

美術家でもありながら、植木職人としても活動する山本は、市内の盆栽愛好家から盆栽を借りてきて、盆栽の森を作った。また、市内の山の土をそのまま美術館前庭に移し、実生（発芽した樹木）が土から顔を出し、夏にかけて背を伸ばしてゆく作品を制作した。

山本高之《やまもとたかゆき》

十和田市内の子どもたちと作った《なまはげと生きる》を発表した。十和田湖の向こうの秋田県にいるなまはげ。悪い子をつかまえて連れていってしまうなまはげとは、どうしたら友だちになれるのか。子どもたちの思いが、作文と映像で表された。

カフェデモンクのインスタレーション

震災直後の慈愛と大悲が散りばめられた満天の星空。火葬場での読経ボランティアでの突き上げられるような使命感。四十九日追悼行脚での絶望感。目の前に広がる悲しみの世界。逃げ出してしまった自分。そして一周忌追悼行脚で感じた再生の風。三年目の暗闇と、そして光。私たちの活動は現代芸術の視点で解釈され、さらに「色即是空、空即是色」の八文字へと深まっていく。そして、少しずつ活動そのものの意味を、仏教哲学から再照射する視点が芽生えてきたのを感じた。ユートピアは浄土、神の国、そして仏国土。

① 破壊の海 神仏の言葉が失われる

四十九日追悼行脚。
ヘドロと死臭の中を、牧師と共に歩く。
海岸にたどり着いた時には、仏と神の言葉を見失っていた。
山には山桜が美しく咲いている。
「津波を起こす力も、山桜を咲かせる力も、同じ力」
そう言い聞かせながら、再び歩き始める。
この時、まだCafe de Monkの姿かたちはなかった。

鎮魂

② Cafe de Monk が動き出す。安心して泣ける場所を作れ

一〇〇名ほどのお年寄りが身を寄せ合って避難していた集会所で、国境なき医師団と出会う。

そこでは生き残った命を、若い医師に託していた。

私たちは、何をすればいいのだ！

「医者が命なら、坊主は心」

「瓦礫の中に安心して泣ける場所を作れ！」

地震から五〇日余り、瓦礫で看板を作り、泥の中を這うような活動が始まった。

③ モンクも共に悶苦する

メッセージボードを作る。

Cafe de Monk はお坊さんが運営する喫茶店です。

Monk は英語でお坊さんのこと。

もとの平穏な日常に戻るには、長い時間がかかると思います。

「文句」の一つも言いながら、ちょっと一息つきませんか?

お坊さんもあなたの「文句」を聴きながら、一緒に「悶苦」します。

三陸海岸 Cafe de Monk
カフェ デ モンク
Monkは英語でお坊さんの事。
平穏な日常に戻るには長い時間がかか
ると思います。
あれこれ「文句」の一つも言いながら
ちょっと一息つきませんか？
お坊さんもあなたの「文句」を聴きながら
一緒に「悶苦」します。

④ルーズなテンポと不協和音

Cafe de Monk のＢＧＭは、
セロニアス・モンクのジャズ。
モンクの奏でるルーズで複雑な和音は、
被災した方々の心。
そこに、私たちのメロディを絡ませる。
やがて、それは互いにシンクロし、
素敵な音楽に昇華する。
傾聴活動は即興音楽に似ている。

⑤自他の境界線を越える

Cafe de Monk の空間。
そこで人は、
他への切なる想いは、
やがて自他の境界線を越える。
自分もなく他人もなく、
やがて言葉も超え、
「慈」と「悲」で満たされる。

⑥ 物語を動かす力

位牌を取りに戻り、津波に流される。
津波に流された位牌を惜しむ。
東北人にとって、位牌は過去と現在と未来を結ぶ力。
Cafe de Monk に位牌を置いておく。
すると、傷ついた人たちは、命のつながりを語り出す。

あれこれ「文句」の

⑦ 物語が紡がれる場、 Cafe de Monk

津波で幼い子供を失った若い母。

「あの子は今どこにいるの？」

虚ろな眼で問う。沈黙の時間が流れる。

「お母さんだったら、どこにいてほしい？」

ふたたび静謐な時間が流れる。

「光が溢れ、お花がたくさん咲いている場所に、いてほしい……」

「……私もそこにいてほしいと思う。一緒にお祈りしよう」

数週間後ふたたび訪れた時、一枚の絵を持ってきた。

そこには、溢れんばかりの光と蓮の花が描かれていた。

過去・現在・未来の断絶した時はつながり、
物語が再び動き始める。

わざわざ来ていただき本当にありがとうございます
いつか息子に会える日までゆっくりと
過ごしていきたいです。

⑧ シンクロする力

「家を見てくるから」を最後の言葉に、
海の彼方へ消えたおじいさん。
みんなを避難させ、自分は流されてしまったお父さん。
Cafe de Monk で、大切な人に想いを込めてお地蔵さまを作る。
土の塊は、やがて大切な人として蘇る。
お地蔵さまの微笑みが、被災地に微笑みをもたらす。

⑨ 再生の海

一年が過ぎる。
四十九日と同じ場所を追悼行脚。
春の雪を踏みしめ、一歩一歩海岸に向かう。
浜からは磯の香りが春風に乗って漂う。
再生！　海は再生している！
宇宙は破壊と再生の繰り返し。
与え、そして奪う。
人々は祈り、
宗教者はその中をおろおろと歩み続ける。
「色即是空」と「空即是色」は巡り、
ありのままの姿を受け入れている私たちがいた。

⑩ あの世とこの世をつなぐ

津波で失われた四七名の命の灯火。
伝統儀式は理屈や言葉を超え、
「あの世とこの世」、
「生者と亡者」をつないでいく。

⑪ Cafe de Monk には、嵐がよく似合う

大型台風の真っ只中を、仮設集会所に向かう。
八〇歳すぎのおばあちゃんが、
たった一人で待っていた。
前の月に五〇歳で亡くなった、
一人息子の位牌を心待ちにしていたのだ。
「私たちがそこに行き、共にあることに意味がある」と思う。

⑫ もう大丈夫

津波で大切なお父さんを失い、
鬱病になってしまった女の子。
父が育てていた花、
津波で枯れてしまったと思っていたその花が、
二年経って、
ふたたび芽を出し、花を咲かせた。
「和尚さん、私もう大丈夫だから」
そう言って、去っていく後ろ姿。
Cafe de Monk では、
人の心にも、少しずつ花が咲きはじめる。

⑬ Cafe de Monk は、宗教・宗派・教義を超えて

苦悩と悲しみが渦巻く被災地には、
教団や宗教・宗派の枠組みは意味がない。
目の前の現実から湧き起こる「問い」に間髪を入れずに応じ、
そして素早く行動を起こす。
宗教は、無限の空間を切り裂き、そして伸び続ける。

Pray
RAD CUSTOM
LIMITED

⑭ 寺を出る。宗教はグルーヴしはじめる

寺を飛び出し、苦悩の現場から、
神仏の言葉を探し出す。
言葉は、生き生きとグルーヴし始める。
真理は泥の中にある。
ここが、Cafe de Monk の原点。

瀧山

⑮ 言葉を読み解く

九〇歳すぎのおばあちゃん。
満州引き上げ、空襲、夫との死別。
そして、津波は三回目。
「さみしぐねが?」
「さみしぐね。もう慣れだっちゃ……」
そのおばあちゃん、
Cafe de Monk が開いてから閉まるまで、
ずっとそこにいた。
寂しさをいっぱい抱えた「さみしぐね」が、
いつまでも心に響いた。

ケアアート「カフェデモンク」

私たちの活動の中心軸、それは震災の夜に見た満天の星空である。冷たくもあり暖かくもある星の輝きに、私たちの存在を超えた宇宙の哲理を感じる自己と、星空の下に浮かぶ無数の遺体と、人々の慟哭に引き寄せられる自己があった。あの時の私には宇宙の冷徹な哲理と慈悲が同時に存在していた。

破壊された海岸で崩れ落ちた自己。素足で歩き回った日々。逃げ出した自分。そして、同じ海岸で感じた再生の風の中に、三人称、二人称、一人称の生死を包み込み、それを成り立たしめている「超人称」の生死を感じ取る。己が体から湧き出る慈悲、仏の方よりもよおされる慈悲。

崩れ落ち見失ってしまった神仏の言葉は、苦悩の現場から再び立ち上がってくる。現代芸術の視点は、活動そのものが紛れもない大乗仏教哲学の深みにあることを見逃さなかった。そして見失った仏の言葉は現代アートに触発され再構築が始まる。

カフェデモンクの「場」の生成力は、時間・空間の固定化を排除する限りない開放性と、あらゆる時間・空間を引き寄せる寛容性にあった。

「場」は、大乗空観哲学の「空」。過去・現在・未来、時空の交差点からは、それぞれの物語「色」が立ち上がる。震災直後、風景は白黒だった。それが次第に色彩で彩られてくる。人は物語を創造する能力、大きな命の源につながる能力をもっている。その能力をひたすら信じ、「場」を開き、物語が動き出すのをじっと待つ。

「場」は、切に他を想う心によって開かれる。「場」は「慈」によって開かれながら、しかし切に他を想う心はやがて、どうにもならない現実にぶつかる。「場」は、やがて慈しみと悲しみの場となる。被災地は広い。苦悩にあえぐ人々のなんと多いことか。カフェで「聴く」ことができなかった人々のなんと多いことか。何度、訴えるような視線を振り切って帰ってきたことか。答えのない問いに思考が停止したことの、なんと多いことか……。

私たちには逃げ出したくなる自己に向き合う「耐性」が求められた。現場は「慈」だけでは歩けない、「悲」という現実を受け止め続ける力、それが耐性なのだ。それは決して力で得られるものではない。力みはやがて自己を崩壊させてしまう。真理に裏打ちされた絶妙な「軽さ（かろみ）」、仏の方よりおこなわれる力こそが必要なのだ。それは禅の十牛図《じゅうぎゅうず》の最後「入纏垂手《にってんすいしゅ》」の童子《どうじ》、妙好人《みょうこうにん》の佇まいがそれなのかもしれない。

傾聴活動は「自他」の境界線を越える作業である。カフェデモンクという傾聴空間は、被災地瓦礫の中に立つ「禅堂」だった。修行僧は、前にも曲がらず、後ろにもあえがず、左右にもぶれず、天と地を貫いて坐す。傾聴姿勢は坐禅そのものである。入る者を拒まず、去る者を追わない、鏡のような心。苦悩を抱えたものは、その鏡に自己を投影し、苦悩の意味を知る。意味は自己展開し、そしてそれぞれの物語が紡がれていく。

大慈大悲の禅。そもそも修行は自己の問題から発するものではない。切に他を想う動機から修行は始まる。他を想う心は同時に自己に向かう心になる。そうして、自己と他己は循環し続ける。自他不二は親疎を繰り返しながら永遠に循環する。循環し始める時、固まった時空はほぐされ、それぞれの物語が動き出す。

慈悲を奥底で支えるのは「戒律」。それは他人に授けられるもの、強制されるものではない。慈悲の心が動き始めた時に、その人自身から沸き起こってくるものだ。他を想い、その場に留まり続けるには、ストイックに自己を整えなければならない。行いや言葉、体調の管理など生活のすべてが、慈悲を完成させるためにあらねばならない。整わない心では、他の物語を「聴く」ことはできない。自己を曇りない鏡に保つことが要求される。その要求の先に「戒律」がある。

悲しみの場は「ほぐされ」ていなければならない。ほぐす力、ユーモアのチカラが必要である。フランクルは、厳しい場所にこそユーモアが必要であると言った。少し高い所から、全体を見る感性と視点。そこからそれぞれが置かれている状態を笑いに変える。人はその笑いの中から、生きる力を得ることができる。

ユーモアは、愛の即興アート。悲しみと喜びの境界線ギリギリまで降り、そこから表現される神の言葉、仏の言葉。ユーモアは切に他を想う心、愛の心で貫かれなければならない。一瞬ではあるが、未来に開かれた物語。ほぐしほぐされる時、そこにはケアする者、ケアされる者の区別はない。互いに響き合う「色即是空、空即是色」の世界が立ち上がる。

現代アートではそれを、「肌触りや手触りで得た感覚を世界に投げ返していくという、『何かを変えていく、潜んでいる力』」と表現した。これがカフェデモンクの、あらゆる時間・空間を引き寄せる限りなき寛容性なのだ。

二万人近い死者。私たちには生者と死者をつなぐ役割が求められた。宗教風土に根差した資源である位牌や、土くれで作った地蔵は、ある時は、大切な人を想う人々と、逝ってしまった人々との仲介者となり、またある時は、どうすることもできない状況を自己表現する道化師役も演じた。

また、震災によって人々の感情は時間軸と空間軸が乱れ、そこにさまざまな霊障・憑依などの感情が表出された。カフェデモンクの現場では、それにしなやかに対応しなければならなかった。常識や理性では考えることが難しい出来事には、受け手側の幅広いレンジ、忍耐強い傾聴力、そして伝統に基づく儀式が求められた。

仏教はインド・中国・朝鮮を経て伝来し、日本列島の風土の中で独自の変化を遂げる。したがってその儀式は、教義だけではなく、私たちが太古の頃より細胞レベルまで染み込んでいた民俗的感情を織り込んだ儀式となる。

日本列島に住まう人々は、一見宗教に無関心に見えるが、そうではない。多様な宗教感情が編み込まれた繊細さを持つ。無宗教の「無」は、なにもないことではない。言葉で表現できないあらゆる宗教感情を引き寄せる「無」なのだ。私たち宗教者は現場を教義で括るのではなく、現場から立ち上がる言葉の一つ一つに注意深く向き合い、その中から真理を読み取る。迷い、悲しみの中にこそ真理はあるのだ。

「現場から感じ取り、現場から創造する能力」が求められたのである。悟りや救いを饒舌に説くことは、宗教・宗派の自己満足になっても、一人一人の救いにはならない。宗教・宗派的な文脈で語られる「救い」ではなく、その人の物語の文脈で語られる「救い」が自然に落ちてくるまで、じっと待つ。これが現場を歩く宗教者に求められた「耐性」なのだ。

ルーズなテンポに不協和音。悲しみを背負いながら歩く人々は、まるでセロニアス・モンクのジャズ。宗教者はその音をしなやかな感性で聴き分け、そして同調・調和させて即興演奏は完成する。

教義が崩れ落ちた時、そこから私たちの歩みは始まった。「体制的な宗教のきまりごと」に従って活動するのではない。教団と教義は更新され続けなければならない。その時、宗教は世界の最前線でグルーヴし始める。

手探りの活動は、死臭漂う瓦礫の中から始まった。そして数年を経て、通りすがりの旅人をもてなすがごとく接した。それはもはや「確たる目的や計画を持たない」が、いつ終わるか分からない「プロセス自体」に意味を持つようになった。風のように来たりて、風のように去る。そしてその痕跡を残さない。それがカフェデモンクの最終形である。

第Ⅳ章　復興へ

不安と安心のある場所

被災された方の心の状態は時を経るにしたがって微妙に変化していく。私たちはその状況を敏感に感じ取りながら活動しなければならない。

震災前に置かれていたそれぞれの状況によって千差万別であるが、大雑把に区分してみると、一年目は起こった出来事の前での戸惑い。二年目は起こった出来事の大きさへの気づき。三年目はその出来事の背負い方への悩み。四年目以降は、それに加えて自身の老いと病、そしてその先に待っている死。絡み方や振幅は人それぞれだが、これらの心情はある時は大きく揺れ、ある時は微細に振動しながら時は経過していく。

早い人は一年ほどで家を新築し、早々に仮設住宅を出ていく。その時は、今まで一緒に暮らしていた隣近所には何も告げず、ひっそりと人知れず消えていく。

また、子供たちとの同居に悩む人々もいた。長年、石巻の暮らしに慣れ親しんだ者がそう簡単に同居することはできない。一時は同居を決めるが、息子夫婦、娘夫婦との生活に馴染めず、再び仮設住宅に戻ってくる方も少なからずいた。

復興公営住宅は急ピッチで建設が進められていたが、東京でのオリンピックが決定されてからは、資材と人材が首都圏へと流れ、大幅に遅れを出していた。

震災直後は、とにかく避難所を出て、プライベートが守られ、手足を伸ばして寝る場所があればいいと思っていた人々は、次の生活のことを考え始めていた。仮設住宅には焦りと不安が漂っていた。

予想以上に長くなりそうな仮設住宅での生活。一時は気を張っていたが、緊張が少しずつ緩む頃、それぞれの体調が変化していく。そして人々は老いと病に向き合うことになる。

この頃になると私たちの活動は、苦にもされず、あてにもされず、邪魔にもされず、淡々と粛々と続いていた。風のようにやって来て風のように去っていく。すでに私たちの存在は仮設住宅の風景の一部になっていたのだ。

ある仮設住宅集会所に、私たちの到着前から待っていた老女がいた。私たちの到着を待ちきれずにいた様子だった。ケーキを食べ、コーヒーを飲み、場がほどけた頃合いに語り出した。体調を崩し病院の検査の結果、ステージ2の胃癌が見つかったと不安げな様子。

津波から逃げ延び、避難所を転々としてやっと仮設住宅に落ち着いた人々。緊張の糸が解けたのか、この頃より病気の話が多く出るようになった。この先の身の振り方に不安を抱えながら、皆、老いと病と死に向き合わなければならなかったのだ。

すると、私たちの様子を遠巻きに見ていた老人が近寄り、無造作に語りかけてきた。

「そこで小耳に挟んだんだけども、ばあちゃん、ステージ2だって？」

無作法な物言いに、一瞬、私たちの表情が凍り付いたのに気づき、

「大丈夫、大丈夫！　おれなんか、ステージ4だ。でも、ほれ、こんなに元気だ」

そう言い終わると、周囲にいた仲間に向かって叫んだのだ。

「なあ、みんな、このばあちゃん、胃癌のステージ2だってよ」

それを聞いた仲間は老女の周りに集まり、肩を抱き、口々に語りかける。

「大丈夫！　大丈夫！」「大丈夫！　大丈夫だ！」

「大丈夫」、それは決して医学的根拠のある言葉ではない。しかし安易な励まし言葉でもない。仏教に「施無畏《せむい》」という言葉がある。畏れなきことを施す、という意味だ。津波から生き延び、共に未来へ向かって生きる人々の、暖かく力強く、互いを支え合う、切ないほどの想いが伝わってきた。

大丈夫という言葉は、自分の思い通りにいくという無担保の保証ではない。思い通りにはいかない人間という存在を共有し合っている、そういう者同士だけに通用する魔法の言葉なのだ。

地域には、長い歴史を経て地域共同体が成立する。被災地には、わずか四年で、原初的ではあるが「仮設住宅」という共同体が成立していた。そこは津波を生き延びた人々、津波で大切な人とお別れした人々が住まう場所。「生と死の意味」を深く問い続けている人々の共同体なのだ。

ふたたびのカフェデモンク@仙台

被災地は沿岸だけではない。仕事、婚姻、学業のために仙台周辺に住んでいる方々で、沿岸の実家が被災し、あるいは大切な人を亡くしている人々が、市内や郊外に多くいた。ボランティア団体は大きな被害のあった沿岸部に集中しており、とくに私たちのような活動は周知させる方法が乏しく、それらの方々に手を差し伸べることはとても難しかった。大都市部に住んでいる、いわゆる「隠れ被災者」は孤立してしまうのだった。また、震災から年を経るごとに周囲との温度差が広がり、安心して苦悩を打ち明けられる場所がなかった。

震災の年、一度だけ仙台でカフェデモンクを開いたが、諸事情で続けることができなかった。なんとか復活させたいと考えていた。

仙台市内には、仮設住宅のように開かれた集会所があるわけではない。カフェをするには、それなりの場所が必要なのだ。しばらく探し回り、一軒のジャズ喫茶店の好意で、店を三時間ほど貸し切りにしてくれた。開催告知は、Date fmで放送していた「ラジオカフェデモンク」や、河北新報社などのメディアに協力をいただいた。

一〇〇万都市でのカフェデモンク。最初は誰も来なかった。しかし、いつものように、「そこにいることに意味がある」と自分たちに言い聞かせ、まったりと時を過ごす。何回目かのカフェデモンクに、一人の女性が入ってきた。

彼女は結婚して仙台に住んでいた。両親は石巻の港近くで被災。二人とも津波で亡くなった。夫や子供たち、そして友人は彼女にとても気を遣ってくれ、少しずつ日常に戻りつつあったが、悲嘆というのは何年経っても繰り返し襲ってくるものだ。まわりの人々は決して冷たい態度を取っているわけではない。だからこそ心配をかけまいと自分の感情を押し殺す日々が続く。彼女には泣きたい時に泣く場所がなかったのだ。

私たちにはその苦しい胸の内をひたすら聴くことしかできなかった。彼女はそれから三回ほどやって来た。彼女にとって唯一安心して泣ける場所になっていた。

喫茶店の事情などもあり、仙台でのカフェデモンクは六回ほどしかできなかったが、都会には埋もれかかった悲しみや、人知れず苦しんでいる人が大勢いることを知ることができた。

仙台での最後のカフェの時、街はフィギュアスケートの羽生結弦選手の凱旋パレードに沸き立っていた。歓喜と苦悩は大都会仙台の街中に混在していた。こうして、少しずつあの悲しい出来事は埋もれていくのだろうか、と溜息をつく。

カフェデモンク@「三陸会」

諸事情で仙台でのカフェデモンクができなくなった頃、平成一九（二〇〇七）年より四年間、曹洞宗宮城県宗務所に勤めていた頃に知り合った、仙台市泉区市名坂東町内会の会長草貴子さんから電話が来る。

曹洞宗宮城県宗務所はこの町内にあり、夏祭りや子供会行事など地区の行事に参加させていただき、親睦を深めていた。その頃の仙台市では一番新しい町内会で、日中仕事をしている男性に代わって、女性役員が中心の組織。会長の草さんはいわゆる「おせっかいやき」なお姉さん。志が高くバイタリティに溢れた人だ。

泉区社会福祉協議会とのつながりも深く、その縁で、沿岸被災地から諸般の事情で仙台市のみなし仮設住宅に転居してきた方々と出会う。そして草さんを中心に、そこに「三陸会」という会が立ち上がった。その人たちのために、ぜひカフェデモンクを開いてほしいというお願いの電話だった。

三陸沿岸から転居してきたので、その会は「三陸会」と名付けられたという。メンバーは一〇名から一五名ほど。気仙沼、南三陸町、東松島市、一番遠くの方は岩手県大船渡市から転居し、泉区周辺に住んでいた。メンバーのほとんどは家屋の被害が中心だった。

仙台市内でのカフェができなくなったこともあり、二カ月に一度のペースで、三陸会でのカフェを開催した。石巻や南三陸町の仮設住宅は知らぬ者同士が多かったが、それでも三人名前を挙げると、だいたい知り合いにたどり着いた。しかしこの会は、全く異なる地域からの転居である。活動は、その場にいる人々の立場や状況を感じ取る必要がある。カフェは傾聴というよりは、知らぬ者同士が馴染み合うことができるように、数珠作りや地蔵作りなど、イベント的な内容で進めた。

そしてカフェデモンクに新しいメンバーが加わる。臨床美術士の菅藤美智子《かんとうみちこ》さんだ。毎回さまざまな画材や素材を工夫し、絵や造形の初心者でも取り組みやすいように上手に指導していた。そして、できあがった作品のもつ意外性や美しさに意味付けしていく。参加者は自分が今まで意識していなかった感性に気づき、新しい自分と出会うのだ。その理論と方法は私たちの傾聴活動に通ずるものがあった。

毎回楽しく過ごしたカフェだったが、ある時、東松島から転居してきたという老女が初めて参加した。初めて参加する人には、三分ほどの自己紹介をお願いしていたが、その老女は顔を真っ赤にして三〇分ほどしゃべり続けた。

東松島大曲浜で被災。地震発生と共に津波の襲来を告げる防災無線を聞く。指定避難所だった小学校へと向かう。そこにはすでに老若男女五〇名ほどが避難していた。津波は予想以上に大きかったが、誰もここまで来ることを予想する人はいなかった。

津波の第一波は小さく、なんとかやり過ごしたが、第二波は避難していた小学校の体育館を呑み込んだ。手すりに摑まる者、階段を駆け上がる者、天井に吊り下がった電灯にしがみつく者。それぞれが必死に助かるすべを探した。その老女は壁にあった横棒にしがみついた。ヘドロ混じりの海水は体育館で渦を巻いている。そしてその中に一人の少年が巻き込まれた。そして海水が引いていく時、その子も一緒に海へと引きずられていったという。老女はその一部始終を見ていたのだ。

「お母さん、助けて！　と、波に消える間際に叫んだ声が、耳の奥にこびり付いて離れないの」と、四年前の出来事をまるで昨日のことのように語り続けた。どんなに時を経ても、違う場所に転居しても、辛い出来事はその人と共にある。決して忘れることができないのだ。

一緒にその子のお地蔵様を作る。一カ月後、焼きあがったお地蔵様を持っていくと、赤い小さな涎掛けを付け、両腕にいたわるように抱きしめていた。この街は一見平穏そうに見えても、このような想いを抱きながら、ひっそりと生きている人が大勢いるのだ。

三陸会でのカフェは一カ月に一回ほど開催していたが、二年ほどが過ぎ、会員同士がすっかり馴染んできた頃、いつもと嗜好を変えて栗原市に行きたいという声が上がった。栗原市を観光し、美味しいものを食べ、その途中で、私のお寺にお参りするという企画だった。それぞれ地元を離れ、慣れない都会暮らしを送る日々。これといってお見せするものはないが、快く承諾した。

当日は、いつもより念入りに化粧をした三陸会の面々がやってきた。本堂にお参りした後、会長の草さんが挨拶をした。「私の願いは、いつか皆さんをこのお寺にお連れすることでした」、そう言うと思わず涙ぐんだのだった。

この会は草さんの努力によって運営されていた。その苦労は並々ならないものがあったのだ。彼女の出身は女川町。津波で多くの犠牲者を出し、大きな被害を受けた街である。彼女の両親はかろうじて助かったが、家は全壊し、小高い山の上の仮設住宅に暮らしていた。おそらく三陸会のメンバーに父母の姿を重ねていたのだろう。私には痛いほどその気持ちが伝わってきた。

この震災では、人が人を支えていた。支える人も支えられていた。支えの輪は、二枚の鏡がお互いを無限に映し合うように、その始まりも終わりもない。

人は小さな支えの輪によって、少しずつ、少しずつ前に進むことができるのだ。三陸会でのカフェデモンクは、泉区内に復興公営住宅が完成するまで続けられた。

カフェデモンク熊本――各地に広がるカフェデモンク

臨床宗教師研修の初期の頃は、「被災地集中型」の内容でおこなわれた。研修期間内には、カフェデモンクでの実習があった。日本各地から志のある宗教者が応募してきたが、その中に九州地方からの研修生も大勢いた。

その人たちが、地元九州でもカフェデモンクを開店したいと、「暖簾分け」を申し出てきた。彼らは多くの宗教や多様な職種との協働、布教の禁止、倫理綱領の遵守、スピリチュアルケアなどの、必要な学びを修了した方々だったので、直ちに看板を制作し送り届けた。あまりにも早く看板が送られてきたので、みな驚いたという。この看板に、苦悩している人々に寄り添ってもらいたい、そういう居場所を作ってほしい、という無言のメッセージを込めた。

二〇一五年二月七日、熊本市中央区大江にある日本福音ルーテル教会で、カフェデモンクが開かれた。被災地で始まった「傾聴移動喫茶カフェデモンク」が、はるかに離れた九州熊本でも、活動を開始したのだ。


そして、その約一年後、二〇一六年四月一四日、一六日の二回にわたって、熊本県と大分県を最大震度七の地震が襲う。その後のたび重なる余震。大地が揺れるたびに高鳴る人々の鼓動。一六〇〇キロ離れたこの地でも、痛いほど感じ取れた。

カフェデモンク熊本は、一四日、早くも前震の夜から活動を開始する。やがて益城町《ましきちょう》や宇城市《うきし》を中心に活動が展開していく。

そしてさらに、翌年二〇一七年七月五日から六日にかけて、福岡県と大分県を中心に発生した九州北部豪雨。カフェデモンクは、福岡県朝倉市の仮設住宅に展開する。

彼らには東北で学んだことが、「現場」として突き付けられた。東北での学びは、言葉としては理解できたかもしれない。しかし現場から立ち上がる言葉は、そこに共にいる人しか理解できないのだ。彼らにメッセージを送った。

「首が折れた阿弥陀様を背負って、おろおろ歩け」

「大地の裂け目に讃美歌を響かせよ」

宗教者は自然から問われ、人々の苦悩は宗教者を成熟させる。やはり宗教者には「嵐」が似合うのだ。

高野山カフェデモンク

日本スピリチュアルケア学会が高野山で開かれることになった。東北大学で臨床宗教師養成講座を受講した高野山真言宗僧侶新田忍澄《にったにんちょう》師から、この機会に高野山でカフェデモンクをしようという提案があがった。

高野山といえば、日本総菩提所として知られ、宗派に関わらず、すべての死者を受け入れている。奥の院に続く参道には、古くは大名、最近では企業単位で建立した墓石が立ち並んでいる。私たちは被災地で多くの人の物語を聴いてきた。それを総菩提所に一旦お預けすることも必要なことなのかと思う。

高野山奥の院に道を挟んで、二基の供養塔がある。一つは阪神淡路大震災犠牲者供養碑。もう一つは東日本大震災供養塔である。ここに被災地の想いを象徴するものを収め、供養の象徴にしたいと申し出た。

高野山には厳格な規則があり、主旨がしっかりとしたものでなくては収めることができない。

新田師を通し、宗務総長との面会が許された。その日、私たちは正式な法衣をまとい、被災地でのこれまでの活動の経緯を説明し、快く許可を頂戴した。

私たちが持参したのはガラスでできた六角形の小さな塊である。震災の年から自坊の通大寺境内で、震災犠牲者のために西馬音内盆踊りをおこなっていた。この盆踊りは、秋田県羽後町西馬音内地区に八〇〇年続く国指定民俗芸能である。生者と死者が輪になって踊る、幻想的な盆踊り。回転しやすくするために道路に砂を撒き、その上で踊る。二〇〇～三〇〇名が一斉に回転する時の、砂と擦れ合う時の音が一層踊りに趣を与えていた。

通大寺境内では、被災地海岸三〇カ所から砂を集め、それを撒いていた。毎年、盆踊りが終わると再び集め、次の年に再び撒く。そうやって死者を慰め、生者は生きる力を得ていたのだ。私たちにとってその砂は、ただの砂ではない。津波で亡くなった人々の象徴なのだ。

そこで、砂の一部を仙台秋保のガラス工房「海馬《かいば》」にお願いし、砂を溶かして高さ五〇センチほどのガラスの燭台と、六角形のガラスの塊にしてもらった。その塊には、「東日本大震災犠牲者之霊」と刻印した。供養塔裏の扉を開け、ガラスの塊を犠牲者名簿が入ったガラスケースの上に乗せる。その後、高野山宿坊成福院住職の導師で、追悼の読経。

不思議なことに、その時を境に私の両肩に乗っていた重荷が少し軽くなったような気がした。やはり、高野山は日本総菩提所、特別な場所である。

高野山でのカフェデモンクは、二日間にわたっておこなわれた。一日目は成福院山門前。新田師の師匠で、追悼供養の導師をしていただいた方が住職をしている。成福院は奥の院から壇上伽藍への道の半ばに建っており、参拝者や観光客の通り道である。

仮設住宅と同じようにテントを立て、テーブルを置き、お菓子にコーヒーを用意して佇んでいると、意外にも立ち寄ってくれる人が多い。曹洞宗の本山永平寺でもそうだが、本山クラスになると、お坊さんの姿と出会う機会は意外と少ない。僧衣こそ着ていなかったが、ツルツル頭にそれらしい雰囲気を醸し出していると、みな安心するようだ。

もてなす方も旅人、お客も旅人という気軽さから、互いの距離はすぐ縮まっていく。他愛もない話から、あっという間に深い話に入る。ここ高野山にお参りする人は、何かしら重荷を負っていることを感じる。私たちがそうであるように、皆どこかに背負っている荷物を降ろしたいのだろう。場所柄、一期一会の出会いであるが、そういう出会いにも意味があるはずだ。

この日、偶然、地元のコミュニティラジオ「FMはしもと」のキャスターが、実況放送しながら通りかかった。私たちが東日本大震災の被災地から来ていることを知ると、しばらくカフェで話し込んだ。彼らはこれから予想される東南海地震への備えに関心があった。その様子は録音され、後日、一時間番組として橋本市・かつらぎ町・九度山町・高野町に向けて放送された。

二日目は、高野山大学キャンパス。この日、大学のホールでは日本スピリチュアルケア学会が開催されていた。カフェの対象は参加者。会場では「スピリチュアリティの定義」について、終わりのない議論が続けられていた。私たちは壇上伽藍が見える最高の場所にテントを立て、小鳥のさえずりなどを優雅に聞きながら、休憩時間を待つ。やがて、しかめっ面をした会員が逃げるように会場から出てきた。「まあ、まあ、お茶の一杯でも飲んで、ホッと一息つきましょうよ」などと声をかけながら接待する。

一杯のコーヒー。一服の日本茶。壇上伽藍を吹き抜ける風。小鳥のさえずり。「スピリチュアリティ」は定義を拒み続け、高野山中に満ち溢れていた。

「日本臨床宗教師会」発足へ

スピリチュアルケアを学ぶ者と、臨床宗教師の養成を受けた宗教者は、どちらにも属している人が多い。かなりの役員は重複している。

その夜、それらの人々と急遽、会議を持ち、日本臨床宗教師会設立へ提案がなされた。この頃、東北大学だけではなく、龍谷大学、上智大学、種智院大学、高野山大学などでも、臨床宗教師養成が始まり、また講座の開講を準備している大学もあった。共通の教育プログラム、継続研修、倫理規範の統一などが必要になっていた。また、認定制度の議論も視野に入ってきた時期でもある。

その後、何回かの会議を経て、日本臨床宗教師会設立へ向けて準備が始まる。そして、設立の日を平成二八（二〇一六）年二月二八日と定める。

瓦礫の中の絶望感、あらゆる価値が削ぎ落とされ、あらゆる経験が拒まれ、呆然と立ち尽くす宗教者。己が命と向き合いながら、看取りの現場にこそ宗教者は必要だと訴え続け、そして旅立っていった岡部健医師。震災という未曽有の出来事はさまざまな物語を交叉させ、時には圧力をかけ、そしてそこから臨床宗教師は生まれた。臨床宗教師は、絶望の中から生まれた希望である。まだ余震が続き、そこかしこに人々の慟哭の残像が漂う東日本大震災の真っ只中に学ぶ宗教者。次第に広がる臨床宗教師と多業種との連携の輪。日本社会はこの動きを好意的に受け止め始めた。そしてその風は日本各地の大学に吹き、実践的な宗教者を養成する講座を立ち上げる力となった。二〇一六年二月二八日、龍谷大学のホールは、東北大学、龍谷大学、高野山大学、武蔵野大学、鶴見大学、愛知学院大学の教職員、そして、それらの大学の養成講座を修了した宗教者で埋まった。

臨床宗教師という社会資源は、今後日本社会に実装していくためには、制度を整える必要がある。しかし一方で制度は、宗教者の自由な発想力を削ぎ落とす恐れもある。臨床の現場には自由自在なグルーヴ感（躍動感）と、既存の制度を超出する発想力が必要なのだ。

変化し続ける現場には、しなやかでいて決してぶれない軸が求められる。教団に属しながら教団を超出し、教義を学びながら教義を超出する覚悟が問われ続けるのだ。副会長として閉会の挨拶でこう語りかけた。

「私たちの始まりは、四十九日行脚で感じた絶望の中にあった。破壊された海、人々の嘆きは、私たちに大きく深い問いを投げかけた。そして、私たちは今なお答えを模索し続けている。もしこの会がその問いを忘れ、制度が硬直し、やがて疲労を起こし始めたら、再びあの海岸に立とうではないか」と。

「京のモンク」——京都カフェデモンク

公共空間で布教を目的とせず、他者の価値観に寄り添い、多業種と協働して苦悩する人々に向き合う。これは被災地におけるカフェデモンクが貫いてきた基本軸である。

岡部医師や被災地で協働した宗教者の強い意志と、それを支える全国、全世界の宗教者の力で、東北大学大学院に「実践宗教学寄附講座」が立ち上がった。公の大学にこの講座が開かれた意味は大きい。そして研修を通して全国に少しずつその精神が広がり始める。また東日本大震災の被災地だけでなく、熊本地震でも他業種の連携によって支援の実績を上げていた。

やがて、今まで宗教と距離を置いてきた行政は少しずつその距離を縮め、宗教者側は行政との連携方法や、公共性という意味を現場に即して考え始めた。行政と宗教がそれぞれの垣根を越えて成熟した関係を築き始めたのだ。

時はさかのぼって二〇一四年八月初旬、東北大学大学院谷山洋三准教授を通して、京都府健康福祉部福祉援護課の山口健司氏が、ぜひカフェデモンクを見学させてほしいとの連絡が来る。

山口氏は京都府で自殺防止対策の業務を担っていた。府内職員の「庁内ベンチャー事業」研修制度を利用し、京都府の自殺防止事業と臨床宗教師との連携の可能性を模索しているという。

京都府では平成二七（二〇一五）年四月に、都道府県では初となる自殺対策条例を施行。とくに自殺対策には力を入れていた。三月一日を「京都いのちの日」と定めていた。

これまでの研究から、自殺死亡率についての計量分析で、地域における面接・訪問活動を充実させることは、自殺死亡率を下げるのに有意であることが推察され、具体的な方策として、臨床宗教師との連携事業が提言できるのではないかと考えていた。この提言をまとめるにあたって、まずは実際の活動現場を見たいと思っていたとのことだった。

山口氏は八月二一日、石巻市開成仮設団地でおこなわれたカフェデモンクに参加した。石巻までの約一時間、カフェデモンクを研究や視察に訪れた人には必ず助手席に乗っていただくことしている。なぜなら、この時間を利用して震災直後やこれまでの活動、現在の被災地の様子などを、詳しく説明することにしているからだ。知識として被災地を知るだけでなく、私たちと住人との繊細な関係を感じ、私たちと同じ目線を持ってほしかったのだ。

お盆の時期、仮設住宅や被災地は特別な雰囲気に包まれる。日本人にとってお盆の期間は特別な心持で過ごす。大切な人があちらの世界から帰ってくる。伝統的なおもてなしで迎え、死者が一番近くにいる時なのだ。

石巻開成仮設団地は二五〇〇戸の仮設住宅が建設され、私たちの開催場所で一番多い仮設住宅である。顔なじみの住人さんも多い。この日は、京都府からの視察ということもあり、お地蔵様作り、お数珠作り、臨床美術のワーク、極楽マッサージ、カフェデモンクバンドの演奏など、フルイベントで開催した。


後に山口氏の政策提言は、知事へのプレゼンテーションを経て、自死遺族を支える「カフェデモンク——京のモンク」という形で実現する。被災地で私たちが貫いた、布教伝道をおこなわず、どんな方も受け入れる包容力と柔軟さを織り込み、自治体では初めて臨床宗教師と連携する事業となった。

運営はNPO法人「京都自死・自殺相談センター（Ｓｏｔｔｏ）」に委託し、平成二六（二〇一四）年から養成が始まった龍谷大学から臨床宗教師を派遣する形でおこなうことになる。

平成二八（二〇一六）年三月一日、龍谷大学響都ホールを会場に「京都いのちの日シンポジウム」が開催され、シンポジストとして招かれる。

カフェデモンクの遠い出発点は、震災以前の自殺問題だった。年間三万人、自死者の声なき声を聴いていた。震災後、カフェデモンクという形で活動し続け、そして四年後、まさか自治体との協働が実現するとは夢にも思わなかったことだ。少しの達成感と誇らしさを胸に会場に向かった。

しかしホテルから会場へ向かう途中、携帯電話が鳴る。地元で長く相談に関わった女性の娘さんからだ。二日ほど行方不明になっていたが今朝ほど焼身自殺をしている母が見つかった、という連絡だった。檀家でもあるので帰るとすぐに葬儀の準備をしなければならない。今日のシンポジウムで話すかどうか最後まで迷ったが、結局、伏せたままにした。自殺防止活動であれ、被災地での活動であれ、深く関われば関わるほど、共に深い闇に落ちていく感覚になる。終わりと結果が見えないのだ。達成感がないのだ。

そして、第一回「京のモンク」は三月四日、長岡京市で、第二回は三月七日、福知山市で開催された。平成二八（二〇一六）年度の運営予算は一三〇万円。行政と連携した臨床宗教師の活動が京都の地で動き始めた。

えりもカフェデモンク

二〇一二年四月頃と記憶している。相模女子大学教授で、文化人類学と医療人類学を教えている浮ケ谷《うきがや》幸代《さちよ》先生から、ぜひカフェデモンクを見学させてほしいとの申し出があった。

その時は、どのような経緯でこの活動を知ったのか、また、どのような研究者なのか、まったく分からなかった。この頃になると、あらゆる分野の学会で、東日本大震災関係の研究が盛んにおこなわれていた。おそらくそのような研究者の一人なのだろうと軽い気持ちで受け入れた。しかしその後、この出会いは意外な方向へと展開していく。

二〇一二年五月から二〇一五年五月頃までの三年間、断続的にカフェに参加。とくに研究者として私にインタビューするわけでもなく、やって来ては仮設住宅の住人さんと世間話をして帰って行く、そういう繰り返しだった。

しかし、二〇一五年六月、北海道浦河郡浦河町《うらかわちょう》の浦河ひがし町診療所のソーシャルワーカーの高田大志さん、看護師の塚田千鶴子さん、そして仙台岡部医院の主任研究員相澤出《あいざわいずる》さんを伴って、お寺にやってきた。

浮ケ谷先生は震災以前より、研究の一環として北海道浦河赤十字病院の当事者活動に参加する中で、隣町のえりも町には精神障がいを持つ方や、引きこもりの若者が多いのにもかかわらず、なかなか医療につながらない事情があることを知った。

浮ケ谷先生は二〇〇九年に相模女子大に着任。「現代の癒し文化」という科目を担当することになる。サブテーマは「癒しと祈り」。そのテーマに向き合うために、二〇一〇年、自身はクリスチャンではなかったが、信者向けのフランス「ルルドの泉」巡礼ツアーに参加し、「宗教と医療には、病気になった人や死にゆく人のためにケアを提供する役割があるのに、なぜ日本では水と油のように互いが歩み寄れないのだろうか」という疑問を深くしていく。ルルドで驚かされたことは、「車いすを宗教者が押し、奇蹟が起こる聖地に最先端医療を身につけた医師が常駐していたこと」で、「日本ではほとんど意識することのない宗教の力を実感させられる場面」であった。そしてその後、「医療と宗教は矛盾するのか。そうでなければ、どのように共生できるのか」という問いが動き出す。

そして、二〇一二年二月、国立歴史民俗博物館の共同研究のメンバーから、東日本大震災後、宮城県石巻市を中心に宗教者たちが立ち上がり、被災者に寄り添う傾聴カフェを開催していること、そして「そこには夫も参画している」という話を聞く。その共同研究のメンバーとは、心の相談室事務局長である鈴木岩弓先生の夫人、百合子先生であった。そこから、カフェデモンクにつながってきたのだった。

彼らの訪問の目的は二つあった。一つは、「えりもカフェデモンク」を立ち上げ、当事者の居場所にしたいので許可してほしいということ。もう一つは、「えりもカフェデモンク」には医療者や福祉関係者だけでなく宗教者にも加わってほしいので、えりも周辺の宗教者を紹介してほしいということだった。

縁とは不思議なつながり方をするものだ。私は三十代の頃、曹洞宗宗務庁主催の布教師養成所に三年ほど通っていた。曹洞宗教義・宗旨の布教についての勉強をするためであった。その時の同期生、佐野俊也《さのしゅんや》師がえりもにいた。師は曹洞宗特派布教師として全国を巡回するだけでなく、幅広く社会に向けた活動もしている、バランスの取れた僧侶である。また、震災の時も真っ先に連絡をくれ、支援もしてくれた。「えりもカフェデモンク」に加わってもらえば、きっとうまくいく、そう確信した。

さっそくその場で電話をかけ事情を説明する。実は彼も同じようなことを着想してはいたものの、どうしていいのか思案していたところだったという。まさに「啐啄同時《そったくどうじ》」、二つ返事の了承だった。驚いていたのは、浮ケ谷先生と診療所のメンバーだった。

そして、それから二カ月後の八月二六日には、えりも町交流会館「ひなた」で第一回の「えりもカフェデモンク」を開催。現在も活動は継続している。

また、二〇一八年九月の北海道胆振東部《いぶりとうぶ》地震では、厚真町《あつまちょう》でカフェデモンクを定期的に開催。当事者の傾聴活動には目を見張るものがあり、精神障がい者との共生について教えられることが多々あったという。浮ケ谷先生は「えりもカフェデモンク」を参与観察し続け、いくつかの論文を発表している。

岐阜大垣カフェデモンク

平成二七（二〇一五）年一〇月、私は東北大学文学研究科教授鈴木岩弓先生、同実践宗教学寄

附講座准教授谷山洋三先生、同准教授高橋原先生などと共に、岐阜県大垣市沼口医院にいた。院長の沼口諭先生から、一一月一一日に同医院に開設されるホスピス型共同住宅「メディカルシェアハウス アミターバ」の開設祝賀会に招かれたからだ。

そしてその施設に、臨床宗教師常駐の「水都おおがきカフェデモンク」が併設されるという。沼口諭先生は真宗大谷派徳養院に生まれる。僧侶でもあり医師でもあった父の跡を継ぎ、地域に密着した医療を提供してきた。先生自身も僧侶の資格を持つ。

近年、超高齢多死社会に対する施策として、「地域包括ケアシステム」が提唱されている。地域医療のシステムを、病院完結型から地域を巻き込んだ在宅医療中心へと変革させるということである。とくに人生の最後のプロセスを自宅で過ごす「在宅緩和ケア」では、医療的ケアに加え、精神的援助者などの多職種連携が欠かせない。

そのことを重く受け止めていた時期に、平成二四（二〇一二）年一月二四日、東京大学で開かれている「グローバルＣＯＥ・医療・介護従事者のための死生学講座」冬季セミナーで、臨床宗教師の養成に関わった岡部健先生の講義を受けることになる。

コーヒーブレイクの折、今の医療に漠然とした疑問を持ちながら仕事をしていること、また、お迎え現象と看取りの話で医師としての方向性が与えられたことを、岡部先生に率直に伝えた。そこで初めて、東北大学で医療現場や被災地などの公的空間で活動できる「臨床宗教師」を養成していることを知る。

その時、岡部健先生は自身もガンを患い、残り少ない命に向き合っていた。ほんの僅かな時間だったが、その出会いがその後大きく展開していく重要なきっかけになった。岡部先生はその年の九月二七日、六二歳で逝去する。

沼口医院では、平成二五（二〇一三）年七月、龍谷大学大学院実践真宗学から臨床宗教師養成実習生を受け入れた。また、平成二六（二〇一四）年四月より臨床宗教師を職員として採用。そして平成二七（二〇一五）年一一月一一日に、カフェデモンクを併設した「メディカルシェアハウス アミターバ」の開設へと進むことになる。

ここでのカフェデモンクの役割は、ハウス内で暮らす方々の心の支えであり、また傾聴・共感を通して臨床宗教師自身を成長させる場所でもある。さらに、ハウス内だけでなく地域社会との交流を通し、臨床宗教師の役割を広く社会に認知させる役割も担っている。

僅かな時間の出会いが縁で動き出した斬新な試み。岡部哲学とカフェデモンクの佇まいは確実に大垣に根付き始めている。

詳細は別の機会に譲るが、さらに各地のカフェデモンクを紹介しておこう。

カフェデモンク千葉六実（老人介護施設）

カフェデモンク東京　心をつなぐ喫茶店

カフェデモンク関西　臨床宗教師の喫茶店

カフェデモンク京都　宗教者とみんなの喫茶店
カフェデモンク京都　京のモンク（自死遺族の集い）
カフェデモンク心のいっぷく茶屋　中国地方臨床宗教師会
カフェデモンク名古屋　なごやかカフェデモンク
カフェデモンク関東　上尾そらカフェ　医療者と宗教者の喫茶店
上尾中央病院緩和ケア病棟
カフェデモンク富士幸カフェ　結の喫茶店
カフェデモンク三重　僧侶・神職・牧師らの傾聴カフェ

長い道程

宗教関係支援団体の活動期間は、通常は二年、長くて三年と言われている。なぜならば、互いに依存関係ができてしまい、かえって自立が困難になる危険性があるからだ。

心ない宗教団体の中には、震災で傷ついた心に巧みに入り込み、そのまま居座り続け、礼拝施設を建て信者を獲得するという団体も出てくる。いわゆる「植民地化」である。私たちはその点についてとくに注意を払ってきた。私たちは伴走者であり、牽引者ではない。まして支配者ではない。適当な時期に、少しずつ引いていかなければならない。

しかし、これだけ広く、甚大な被害が出た東日本大震災では常識は通用せず、私たちの活動も、初めは瓦礫の中、避難所、仮設住宅集会所と移動し、あっという間に五年有余の年月が経過してしまった。

仮設住宅に住まいする独り暮らしの老人。事情のある家族。復興住宅への転居を待つ人々など、それらの人々を置いて去ることはできない。五年目の仮設住宅には、「老い」と「病」が音もなく忍び寄っていた。

「皆さん、もう少しで復興住宅ができます。それまで、なんとしても生き延びましょうよ。ここで死んでしまうのは悔しいとは思いませんか。私たちも、皆さん全員が新しい住まいに移るまで付き合いますから」、「生きててよ！　また来るから」。みんな笑いながら、うなずいていた。その頃から、これが帰りの挨拶になっていた。

五年目になると、少しずつではあるが、あちらこちらに復興住宅が建ち、仮設から転居する方々も出てきた。津波によって故郷を追われ、避難所、仮設住宅へと移り住み、やっとそこに辿り着いた人々。高齢者にとって、ここは終の棲家となる。当然のことながら、五年かけて築いた共同体が少しずつ消えていく。仮設住宅の共同体は、消えるのがゴールの共同体なのだ。

一方、復興住宅では再び新しい人間関係を築かなければならない。仮設住宅での目標は明確であった。それは、ここを出て終の棲家に落ち着くこと。しかし、そこから先は「それぞれ」なのだ。私たちの活動は、仮設住宅と復興住宅の両方を視野に入れ始めた。

鳴らなかった黙祷のチャイム

二〇一六年三月一一日、震災五年目のその日は、石巻開成第三団地で追悼のカフェをおこなう。この団地の世話役である五十嵐さんからの希望だった。彼は素朴な佇まいで、決して饒舌に気持ちを表現することはなかったが、その行動には澄んだ気持ちが裏打ちされている。

この団地に住む住人は高齢者が多い。自治体主催の追悼集会や、それぞれの菩提寺や教会に交通手段がなく参加できない方のために、ぜひお坊さんに祈ってほしいということだった。

とはいえ、集会所の中で祈りを捧げることは、いくら住人の方々が了解していても控えなければならない。私たちは宗教者の行動倫理に常に気を配り、細心の注意で活動を律してきた。そこで、心の相談室の仲間や、活動を通して知り合った宗教者に声をかけ、仏教系では曹洞宗、浄土真宗大谷派、本願寺派、キリスト教系では日本基督教団の牧師が参加するかたちにした。これならば布教の誤解をまぬがれることができる。

小さな集会所に祈りの場を作る。宗教的象徴を避け、被災地の砂で作ったガラス燭台に火を灯し、犠牲者の命の象徴とした。三々五々、住人が集まり狭い集会所は満員となった。震災当日の雰囲気は何とも言えない重い空気が漂う。口数も少ない。いつものような場をほぐす会話などできる雰囲気ではない。皆あの大きな出来事が起きた午後二時四六分に気持ちを向けているのが痛いほど伝わってきた。

ガラスの燭台に灯を灯し、香炉に香炭を入れ、祈りの場を整える。その時が近づくにつれ、集会所は静寂に包まれ、黙祷開始のチャイムを待つ。しかし、いつまで経ってもチャイムが鳴らない。時計を見ると、もうすでに一分余り時間が経過していた。そこでスタッフに読経用の小さな鐘を鳴らすように合図し、黙祷が始まった。一分の黙祷の後、曹洞宗、浄土真宗、キリスト教の順で祈りを捧げた。

すべての祈りが終わって挨拶の時、「いやあ……、皆さん、チャイムが鳴らなくてびっくりしましたね。だけど一番びっくりしたのは、あちらの世界にいる人たちかもしれませんね」と、いつものようにジョークを飛ばすと、緊張感が解け少しだけ和んだのを感じた。

その時、外では防災無線から「お詫び」の放送が流れていた。後で聞いたことだが、この出来事に抗議する市民もいたが、拍子抜けであやふやな黙祷に、思わず笑いが起きた場所もあったという。

きっと自分たちのことはもういいから、それぞれの未来を考えてな！　と、あちらからこちらの世界に語りかけているかもしれないね、などと周囲にいたおばあちゃんたちと語り合う。

この日は、カフェデモンクのバンド、スタッフで編成された「カフェデモンク・ブラザーズシスターズバンド」で数曲、歌を歌ったが、「故郷」を歌おうとしたところ、集会所の二、三人の女性から「その歌は歌わないで！」と声が飛ぶ。

思わずハッとして、歌うのを止めた。失った故郷の風景に寄せる強い想い、人は故郷と共に生きている。故郷はかけがえのない命の一部なのだ。内陸でさしたる被害のなかった私たちには、到底理解できない想いが伝わってきた。

よし、それならと、「上を向いて歩こう」の歌を、東京から参加していた学生ボランティアを前面に立たせ大声で歌う。

仮設住宅と復興住宅が同時に存在する五年目の追悼集会は、このように過ぎていったのだ。

復興住宅の日々

五年目の追悼集会も終わり、活動が六年目に入ったある日、石巻開成仮設住宅でのカフェによく来てくれた方から連絡が入る。仮設住宅を出て復興住宅に移り、そこで自治会の世話役をしているという。

復興住宅は仮設住宅と同じく、知らない者同士の寄せ集まりである。仮設住宅では隣の音に悩まされたが、ここでは鉄の扉を閉めると、まったく物音が聞こえない。一日中、人と話さないこともあるという。仮設住宅のように、もう一度私たちの居場所を作ってほしいとのことだった。

カフェデモンクが来れば、仮設住宅で出会った人々が集まる。人は人を呼び、そしてそこに新しい物語が生まれる。それは「それぞれ」のではない「みんな」の物語なのだ。

瓦礫の中、避難所、仮設住宅集会所を尺取虫が泥の中を這うように動き回り、「傾聴移動喫茶カフェデモンク」はやっと復興住宅まで辿り着いた。そこに至るまで五年の歳月が流れていた。初めて復興住宅集会所でカフェを開いた帰り道の車中は、みな静かだった。それぞれが、これまでの歳月を振り返っている、言葉はいらなかった。


仮設住宅集会所でカフェデモンクを開催する時は、私たちが日程を決め、集会所の許可やチラシの配布なども、私たちの手でおこなった。しかし、復興住宅では住人からの要望によって開催することにした。

なぜならば復興住宅での共同体作りは、あくまで住人が主体となってすべきことだからだ。いつまでも外部の力に頼っていては真の復興にはならない。私たちはそのお手伝いをするというスタンスを取った。活動は、進みながら退き始める。

復興住宅では孤立化を防ぐことが重要な課題となる。仮設住宅では支援員やカフェデモンクのようなボランティア団体が、その役を担っていた。また、仮設住宅の玄関は薄いガラス戸でできており、人の気配がそれとなく伝わり、ある程度、安否を確認することができる。

しかし、復興住宅では鉄の扉を閉めてしまえば、まったく中の様子が分からなくなる。そして部屋の中には、静寂な老いと病、孤独の影が漂う。それはやがて「孤独死」や「自死」につながっていく危険性がある。
「仮設住宅では薄い壁から聞こえてくる声に悩まされ、時には苦情を言い合い、時には助け合いながら必死に生きてきた。復興住宅では、扉を閉めたらなにも聞こえない、そして人の気配すら感じない。今思うと、人の住む場所って、本当は仮設住宅のような場所なんだろうね」と老人が呟いていた。人々は仮設住宅での日々を懐かしみ、人間の生きる、「本当の場所」を問い直し始めていた。

ある日、心配していたことが起こってしまった。復興住宅での孤独死が新聞で報道されたのである。それから数日後、ある復興住宅の住人から電話が入る。涙声であった。復興住宅に入居したものの心を病んでしまった男性が、以前住んでいた仮設住宅の集会所で自死したという。もう少し活動を続けてほしいと哀願される。

早速、日程を決めカフェを開催したが、当日、私たちに連絡をくれた住人さんは最初に少しだけ挨拶しただけで、自分の部屋に戻っていった。実は、ガンを患い、抗がん剤治療を続けているという。その日はとくに体調がすぐれなかったようだ。復興住宅の厳しい現実を突き付けられたカフェだった。

震災前、日本社会は年間三万人の自死者を生んでいた。自死は、家族形態、社会制度、経済システムなどと複雑に絡み合い、個人の問題をはるかに越えていた。私たちは震災前、孤独社会・

孤立社会・無縁社会に向き合っていた。

カフェデモンクの前身は、自死防止活動だったのだ。私たちは震災以前の社会の歪みに答えを出していただろうか。年間三万人、一〇年で三〇万人の自死者の声なき声に答えを出していただろうか。そして、私たちの活動は五年の歳月を経て、再び出発点に戻った。

私たちの活動はたくさんの方々に支えられていた。高知生まれの西本健太郎君は、その中でもとくに重要な人だ。彼は震災後、石巻で立ち上がったボランティア団体に参加。カフェデモンクには、ほぼ毎回参加してくれた。そして仮設住宅の雰囲気や、住民さんの心の動きについての情報を細かく提供してくれたことは、私たちにとってどれほど心強かったことか。

やがて石巻社会福祉協議会の職員となり、また、地元の女性と結婚をした。石巻に骨を埋める覚悟を感じた。その彼が仲介役となって、私たちと復興住宅の住人さんをつないでくれていたのだ。カフェデモンクが活動を続けるには、多くの職種との連携が必要であった。彼と私たちの活動のありさまは、後に臨床宗教師と多業種との連携モデルの一つになった。

悲しみの封印——東松島復興団地のカフェで

ある時、さまざまな縁がつながり、初めて東松島地区にある復興住宅に招かれた。そこは主に東松島市野蒜《のびる》地区で被災された方々が暮らしていた。海岸近くから移転し自力で家を再建された方たちだ。そこには大きな団地ができていた。

この団地の自治会集会所でカフェを開く。私たちのカフェは東松島での知名度はまったくない。しかし、自治会長さんの呼びかけで、三〇名ほどの方が集まってくれた。

この地区の自治会長さんはとても熱い人だった。さまざまなイベントを企画し、多くのボランティアが関わっていたという。しかし、私たちはイベントとしてそこにいるのではない。私たちは傾聴移動喫茶カフェデモンクなのだ。

石巻地区では仮設住宅から復興住宅へと、住人と共に歩んで来たが、ここはそうではない。初めての場所では、場所をほぐしていくのに時間と膨大なエネルギーを必要とする。そのような地区の場合、開会の挨拶の時に、これまでの活動の様子と、カフェの主旨を説明する。石巻ではなかったことだった。

いつものように、セロニアス・モンクのジャズをBGMに、たくさんの種類のケーキ、飲み物でカフェが始まったが、石巻の場合だと、アッという間に長い列ができたが、ここでは誰も動こうとしなかった。何回か催してやっと動いたが、中には「お代はいくらですか」と聞いてくる人もいた。もちろん無料である。そして、やっといつものカフェデモンクが始まった。

私たちの仲間は長い活動の中で、知らず知らずのうちに、「悲しみを引き寄せる力」、「場をほぐす力」が身についていたと思う。しばらくすると、悲しく苦しい胸の内が見え隠れしてくるのを感じる。私たちはそのタイミングを決して見逃さない。

一見、平穏に見えた女性が、突然泣きながら胸の内を語り出した。この震災で、夫と二人の兄弟を失ったという。側にいた友人は、

「あんた、もう泣ぐのはやめろ。そんなに泣いてだら、浮かばれねえぞ」

と声をかけた。彼女なりの配慮を感じたが、私はそっと語りかけた。

「泣きたければ、泣いてもいいのですよ。このカフェは安心して泣ける場所ですから」

震災からかなりの年月が経っていた。津波で破壊された家、やっと建てた新居。生活の基盤は元に戻りつつあったが、この人には安心して泣ける場所はなかったのだ。

海底の暗い穴——新蛇田第一集会所のカフェで

石巻では急ピッチで土地の造成、公営住宅の建設が進み、次々に新しい街ができていた。住居表示も目まぐるしく変更され、特に新蛇田の住居表示は長い間関わっていても混乱することがあった。

新蛇田にあるのぞみ野地区には復興公営住宅や復興団地が集中し、大きな町になっている。この地区内の町内会と団地自治会が共同で使用している集会所が「新蛇田第一集会所」である。「石巻じちれん」という石巻市内の各自治会を統括する組織もここに事務所を置いている。

この集会所は幾度か東北大学臨床宗教師研修の研修場所になり、また、毎年の3・11の時は追悼集会を持ち、共に祈りを捧げていた。

3・11の当日は特別な日である。二時四六分、その時間が近づくと、人々は寡黙になり、一人一人の想いが集会所に満ち溢れ、そこにいる人を重く包み込む。最初は、それぞれの宗教や宗派の祈りを捧げていたが、今は、一分間の黙祷を捧げるようにしている。

何回目かの3・11追悼カフェの時、ある女性が少し深刻な顔でやってきた。この方とは数年前に、石巻市南境の仮設住宅で一度お話したことがあった。出身は石巻雄勝町。同じ仮設住宅に住んでいる老女が心配だということを訴えに来たのだった。その老女も雄勝地区出身だった。津波で夫を流され、遺体はまだ見つかっていない。

やがて、二人ともこの復興住宅の一階と二階に移り住んだ。老女は体の弱い息子と同居していた。毎日家に閉じこもり、寝たきりの生活をしているという。「なんとか家から出して、ここに来させたい」ということだった。

たまたま息子さんがカフェに来ていたので、その息子さんと一緒にキラキラと綺麗な色をしたブレスレットを作る。そしてこう言った、「このブレスレットをお母さんに渡して、和尚さんが会いたがってるよっていいなさい」と。

来るか来ないか、自信はなかった。しかし、三〇分後、なんとよろよろと歩きながら、カフェにやって来たではないか。しばらくこちらから問いかけをしてみた。しかし、表情がなく沈黙したままだった。そうしているうちに、微かに声が聞こえる。

「穴が開いている……、穴が開いている……」

そう微かに聞こえてきた。久しぶりに口を開いた老女に、訴えてきた女性も驚いている様子だった。

「穴が開いている……、暗い大きな穴が開いている」、その意味が分かったのは、しばらく経ってからのことだった。雄勝湾は深い。この町で住職をしている友人が、この海で遭難した者は遺体が上がらないことが多い、と言っていたことを思い出した。

夫は海底に空いた大きな穴に引き寄せられたのだという。そして老女も一緒にその穴に落ち、そこから這い上がれないでいるのだった。遺体の見つからない曖昧な死は、人を前に進ませることができない。「また来るから。その時は、このブレスレットをして必ず顔を見せるんだよ」、そう言って別れた。

次の年、再び3・11の日がやってきた。あの老女は来るだろうかと頭の片隅をよぎった。すると、カフェが始まってしばらくすると、よろよろとした歩調で入って来たではないか。そして腕には、あの時のブレスレットがはめてあった。

「おじいさんのお墓を作ろうと思う。どうしたらいいべ」と、小声で語り出した。

墓を作ろうという想いは、曖昧な死を受容していく大切なプロセス。彼女もやっと海底の穴から這い上がり始めたことを感じた。長い時間だった。

暴言を吐く女性

人は自分の気持ちを表現する時、さまざまな言葉の使い方をする。この女性の場合、それは「暴言」だった。

私がカフェで始まりの挨拶をしている間中、私には聞こえない程度の小声で暴言を吐き続けていた。しかし私には、全部聞こえていた。しばらくはその女性を意識的に無視していた。そしてしばらく時間が経ってから、傍らにしゃがみこんで「どうした」と声をかけた。家族二人が津波に流され、遺体が見つかっていないという。暴言はサインだった。

傾聴活動では、あらゆる感情表出をそのまま受け入れる。言葉や態度の裏側に、その人の気持ちが隠されているのだ。決して暴言を暴言として受け止め、こちらの感情を動かしてはならない。そして暴言の裏には、大切な人への想いが隠されているのだ。

翌年もカフェにやってきた。今度は、あえてこちらから暴言交じりの会話を仕掛ける。すると、彼女から「ふっ」と微笑みが零れた。

語る一歩——父の看病と死、そして夫の鬱

復興住宅には、仮設住宅からのつながりがある人が多い。共に長い年月を歩いてきた人々だ。ある仮設住宅にいた佐藤さんは、神経の病気が原因で目が悪かった。それだけでなく時々、全体の調子が悪くなり全く体を動かせない時もあった。私たちが来るのを楽しみにしており、白杖と仮設住宅の仲間に支えられ、カフェがあるときは必ず来ていた。

彼女は高齢の父母と夫の四人暮らし。時々、父親も一緒に来ることもあり、佐藤伸也さんの極楽マッサージをとても楽しみにしていた。

体に障がいを持つ方の仮設住宅暮らしは、健常者には想像がつかない。ましてや、高齢の父母の、介護とまではいかないが身の回りの世話がある。私たちには、身の不自由さと父母のことを取りとめもなく話していた。そんな彼女の家族が新蛇田復興住宅に移転したのは、震災から六年目のことだった。

ある日、携帯電話に登録していない電話番号から電話が入る。それは佐藤さんからだった。カフェではよほどのことがない限り、電話番号を教えることはない。転居後間もなく、父が末期のガンを宣告され、そしてまたたく間に逝ってしまったのだ。葬儀の相談だった。これまで経験したことがないという。一般的な進め方をお伝えした。

その後、再び連絡が入る。今度は電話ではなく、ショートメールだった。夫のことだった。時々大声を出し、そして急に塞ぎ込む。体を動かすことができない日々。食欲もない。鬱寸前の状態だという。

身心共に少し安定していた時、夫は自分のことを語り出した。それは、震災の時から今までの自分の気持ちだった。震災の時、海岸近くにいた夫は命こそ助かったが、そこで見た光景は地獄だった。

押し寄せる津波がすべてのものを押し流していく。津波が去った後には、たくさんの遺体。その遺体の間を歩き回った。その後の避難所、仮設住宅での生活。妻の両親と、不自由な体の妻への気遣い。それらが積もり積もって、許容範囲を超えてしまっていたのだ。暗闇に入る直前まで落ち込み、気持ちを吐き出すことで、幸いにも救われたのだ。

年数を経てもあの時のことを、心の奥底にしまい込んでいる人はまだまだ大勢いる。語り出すことが暗闇から抜け出す一歩。人は話を聴いてもらっただけでも、前に踏み出すことができるのだ。

詐欺

世の中には悪いやつらがいるものだ。被災者の弱みに付け込み、言葉巧みに、なけなしの財産を奪う。とても信じられないことだが確かに存在しているのだ。

津波で夫と家とを失った彼女は、残された子供二人と力を合わせて家を新築し、新しい生活が始まった。借金はあるものの、手元には余裕をもって暮らせるだけの資金が残った。しかし、その金は投資詐欺によってすべて奪われてしまったのだ。

彼女は、私たちと連携している「自殺防止ネットワーク風」の篠原鋭一師に相談する。この頃は自死念慮があったのであろう。無理もないことだ。篠原師は彼女を、近くで活動している私につないでくれたのだ。

私は、カフェデモンクで被災地を巡回するのと同時に、震災以前より通常使っている電話番号とは別の電話番号をこのネットワークに登録している。その番号に彼女から電話がかかってきた。少し上気した声から、感情の高まりを抑えきれない様子がうかがえた。もうお金は戻ってこない、その現実を必死に受け止めようとしていた。

このことは子供たちにも話した。幸いなことに子供たち二人は、もう諦めよう、何とかなるよ、と母の失敗を受け入れていた。そういう優しい子供たちだからこそ、時折、怒りが再燃してくるのだった。そしてそういう時に電話が来るのだった。

3・11の追悼カフェの時、初めて彼女と会う。私とそう違わない年齢の彼女は、元気に笑顔を見せていたが、その元気は自分を奮い立たせ、失ったお金のことを必死に脳裏から引き離そうとしている、そんな元気のように伝わってきた。それではやがて潰れてしまう。

「無理しないで、話したくなったら、いつでも電話ちょうだい」と伝える。

not doing but interbeing（いつも共にいる）

ある日、仮設住宅から復興住宅まで親しくお付き合いした方から相談された。新しい復興住宅ができ、時々、催し物をしているらしい。そこの責任者がぜひ私たちに来てほしいということだった。早速、連絡し、カフェの開催日などを決める。

ここは初めての場所、私たちの活動のことはまったく知らない。この復興住宅の住人一〇名ほどと、噂を聞きつけた仮設住宅からの知り合いが集まり、三〇名ほどの人で集会場は埋まった。知り合いの二〇名の方とは、新しい暮らしの様子や仮設住宅での思い出話に花が咲き、またある人は自分の病気物語を長々と語っていた。ここでの新しい生活は、確実に新しい物語を生み出し続けていた。

初めて私たちと会う住人さんは、最初は、お坊さんが運営しているカフェデモンクと少し距離を取っているようだった。いつものように軽いジョークを飛ばし、数珠作りなどをして、少しずつ距離を縮めていくと、次第にほぐされ、自分の想いを語り出す。

ある女性が突然、泣き出した。震災から力を合わせ共に生きてきた夫が、二カ月ほどの間に亡くなったという。やっと落ち着いた生活ができる、その矢先だった。

「生きる意味って何なのだろうね……」と、呟くように聞いて来た。

「私にもよく分からないけど、おそらく分からない者同士、このように集まって会話をする、その中から答えは落ちてくると思うよ。だから一人にならないで、今度来たら、また顔を見せてね」と、作った数珠に祈りを込めて、彼女の腕につけてあげた。


この集会所で一番気になる人がいた。それは私たちを呼んだ責任者だった。

参加者と会話をしながら、私の目は彼女を追っていた。心の奥から感情を表現しない、なぜかサラサラとした感触には違和感があった。やがて、カフェが終わり、後片付けしている彼女の元に近寄り、こう語りかけた。

「今日は大盛況でよかったね。だけど、私が一番気になっているのは、あなただよ」

すると、彼女は一瞬、声を詰まらせる。

「いろんなことがあったから、このように皆さんのお世話をすることで、心を保っている。でも時々、折れそうになるの」

「折れる前に、連絡ちょうだいね」

帰り際だったので、それ以上のことは聴くことができなかった。そして、いつものように記念撮影をして帰路に就いた。

お寺に到着する直前に、彼女から電話が来る。もう心が折れてしまいそうになったのか、と少

しだけ身構えた。すると、

「和尚さん、帰った後のベンチに赤いリュックサックあったけど、それ、和尚さんのですか」

ということだった。確かめると、赤いリュックがない。忘れてしまったようだ。

「ごめん……、体はこちらにあるけど、心はまだそちらにあるようだ」

とっさに、そう返事をした。電話口で彼女が微笑んでいるのを感じた。


私たちには困った人々に分け与える財力も、医療的技術や福祉的な能力、法律の知識など、なにもない。復興住宅での生活は、私たちの力をはるかに超えた複雑な事情が絡み合っていた。しかし、何年経ってもあなたたちのことを気にかけているという姿勢を崩したくない。私たちは長い間、苦にもされず、あてにもされず、邪魔にもされず、その側にいることを許されたのだ。苦しみや悲しみを通して呟かれる真理の言葉、私たちはそれを聴くことを許されたのだ。

なにもできないけれど、いつも共にいること。「not doing but interbeing」、それが私たちの使命であり、その方たちに対する敬意なのである。

よだれをたらした仏さま――二〇一八年、仮設住宅最後のカフェデモンク

仮設住宅と復興住宅を行き来する時期が続く。平成三〇（二〇一八）年、震災八年目頃になる

と、復興住宅や自力再建した家への転居が進み、仮設住宅の空室が目立つようになる。早いところでは、仮設住宅が取り壊されて更地になっていった。

誰もいない更地に立つ。あの時のことが走馬灯のように駆け巡った。そこは、津波を生き延びた人々が住まいし、肩を寄せ合い励まし合った場所。たくさんのボランティアが関わり、さまざまな催しがおこなわれ、そして、悲しい物語から希望の物語へと共に歩んだ場所。

「いったいあの人たちは何処へいったのだろう。あの出来事は夢だったのか」と呟く。

そして、仮設住宅集会所でのカフェデモンクも、いよいよ終わりを迎えることになった。三月二六日、石巻市大橋仮設住宅での最後のカフェデモンク。

三月末で、石巻仮設住宅自治連合会から受け継いだ、「石巻じちれん」の「お茶っこ会」も、この日で終了することになった。

この日は「お茶っこ会」との共同開催となった。この仮設住宅には、もう二世帯しか住んでいない。これまでこの仮設住宅に住んでいた人たちにも参加を呼びかけ、四〇名ほどが集まった。

大橋仮設住宅にはさまざまな思い出がある。嵐の中を駆けつけると、息子の位牌を待っていた老女がいたのも、この仮設住宅だった。東北大学の臨床宗教師研修の実習場所になり、日本中から集まったさまざまな宗教者はここで学び、全国でその経験を活かした活動を展開している。その日は、学んだ研修生や大学の教員も駆けつけてくれた。

少し早めに到着してカフェの準備をしていると、元大橋仮設団地自治会長の山崎信哉《やまざきしんや》さんが入ってきた。私たちはお互いの顔を見ると、どちらからともなく、「ふう〜っ」と長い溜息をつき、肩から力を抜き、だらりと腕を降ろした。お互いその溜息の意味をよく理解していた。

山崎さんには、最初の極楽マッサージを受けてもらう。マットの上にうつぶせになってマッサージを受けているその顔は、今まで見たことがないような、だらしのない顔をしていた。口元には少し涎が光っているように見えた。八年にわたる歳月、住民のまとめ役として凛とした態度を貫いてきた日々。私にはそのだらしない顔が、仏様のように輝いて見えたのだった。

そしてカフェが終わり、集会所の掲示板に張られたポスターを外す。仮設住宅での活動に一区切りをつけた。長い日々だった。

末娘ともかの物語——震災九年目の春

震災の翌年、一人の看護師が亡き夫のお地蔵様を作った。彼女は眼鏡をかけて微笑む夫のお地蔵様に、ありったけの想いをぶつけるように泣き叫んだ。その想いが私たちの心に突き刺さる。

その時、その傍らには中学三年生になる「ともか」という末娘がいたが、無表情な彼女の顔からは感情を読み取ることができなかった。いったい父親の死をどのように捉えているのだろうか。

あの時、悲しみを共有した私たちは、その後、折に触れ親しく交流することができた。ある日、思い切って、ともかに父親のことを尋ねてみた。するとその答えは、「よく分からない」ということだった。父親を失った現実をまだ受け入れていない。

いや、むしろ現実を受け入れた途端に、どのように対処していいかわからず、崩れ落ちてしまう自分を予感していたのだろう。どこかで「現実」を考えないように自分で壁を作っているような印象だった。

現実と向き合うのが怖い。無理もない、彼女は中学三年生。芽生えつつある自我に多様な感情が育っていく、そのような繊細な時期だった。

心配を隠しながら、しかし普通に接し続けた。時々、遊びに来ては他愛のない話をして帰る。お寺で行事があるときなど、手伝ってもらった。彼女もそれを楽しみにしていたようだった。父親については、自分から語るまでそっとしておいた。

やがて、彼女は高校を卒業して、東京にあるカフェ経営の専門学校に入学した。帰省した時は必ず「ここに来ると、ホッとするんだよね」とハニカミながら、学校の実習で作ったクッキーを焼いて持って来る。私は、父親の役割を果たしているようだった。

そんな彼女も二〇歳になった。成人式の時には、わざわざ振袖姿を見せに来てくれたのだった。あの時、母親の傍らで無表情に座っていた彼女は、もう成人を迎えたのだ。

その日、夕方のテレビニュースを見ていたら、なんと彼女がインタビューされている姿が映し出された。父が亡くなった場所に、振袖を着たままお参りに行ったのだった。

そして彼女は今までに見せたことのない顔で、「お父さんにこの姿を見せたかった……」と、大泣きしているではないか。

私たちは嬉しかった。あれから五年の歳月を経て、やっと泣いている彼女を見た。父親への想いに彼女は泣き、その姿に私たちはホッと笑った。


その翌年、専門学校を卒業し、カフェの修行にと東京で就職した。いつか郷里で自分の店を開きたい、それが彼女の夢だった。時折、電話で東京での暮らしの様子や、店での出来事を聴いていた。四年前に上京した彼女はすっかり大人の女性になっていた。

震災九年目の3・11。時は令和二（二〇二〇）年になっていた。新型コロナウイルスの影響で、世の中は自粛ムード。カフェデモンクは、いつも開催していた石巻市新蛇田第一集会所での追悼のカフェを自粛した。

そのような状況だったが、彼女は父親の亡くなった場所に出かけ、家族と祈りを捧げていた。帰りにお寺に寄れば、と電話をしたが、家族で食事をするとのことで、翌日お寺にやって来た。そして家族にも言っていない胸の内を話してくれた。

「今まで家族は『きっとお父さんは後ろで、ともかを支えてくれているよ』って励ましてくれてたけど、もう一つその実感がなかったの。でもね、昨日、家族で食事をしている時に、『お父さんも、いつかともかと小さなカフェを開きたいって言ってたよ』っていうことを聞いた時、初めてお父さんが横にいるような気がしたの」

中学三年で父を失い、感情を表現することができなかった彼女は、八年の歳月を経てやっと父親と共に歩み始めていた。

そして輪は閉じ、一円相となる

日本から見れば、ちょうど地球の裏側にあたるオーストラリア・メルボルンに「直証庵《じきしょうあん》」というグループの道場があり、宗教の分け隔てなく坐禅に親しむ人々が集まっていた。曹洞宗系だが、まだ正式な道場ではない。

私の父とこの庵を主宰する是松《これまつ》慧海《えかい》師とは旧知の間柄で、二〇〇八年、この庵の一〇周年記念法要には、父と私の長男諦晃が参加していた。それから三年後、東日本大震災のニュースを見た直証庵から、「このお金で暖かい物でも食べさせてください」と、震災から一カ月も経たない時期に支援金の申し出があった。直証庵メンバーが募金活動をして得たお金だという。

私たちの活動はこの資金を元に、炊き出しから始まり、そして、傾聴移動喫茶カフェデモンクへと進んでいったのだ。直証庵は私たちの活動の初期を支えてくれた。

カフェデモンクが始まって一年が過ぎた頃、一人の若者が参加するようになった。知り合いの寺の次男だった。二八歳になるその若者は、これといった定職があるわけでもなく、日々お寺を手伝いながら将来について漠然と悩んでいた。

カフェモン号や私の車の運転をしてもらうことになった。傾聴活動は、思いのほか体力を使う活動である。カフェ帰りの運転は睡魔との闘いだったが、彼に運転をしてもらうようになってから、だいぶ楽になった。車の中では他愛のない話をし、リラックスした時間を過ごした。カフェが始まると、彼は集会所のテーブルには座らず、その年の冬から始めた焼き芋に専念していたのだった。焼き芋の腕はかなり上達していた。

その年の末、心の相談室の忘年会には彼も参加した。会も終わり頃になり、それぞれの一年の振り返りと、新年への想いを語り出す。そして最後に彼が立ち上がる。そして、しっかりとした言葉で語り出した。

「おれ、坊さんになります。被災地で、さまざまな宗教者が必死に人々を支えている、その姿を見て決意しました」

突然の言葉に、一同が驚いた。心の相談室の忘年会には、カフェデモンクのメンバーはじめ、仏教各宗派、キリスト教の牧師、東北大学関係者が集まっていた。そういう中で決意を表し、後戻りできない状況を作りたかったというのだ。

翌年三月、彼は、とある修行道場に入り、二年間の修行生活を送った。修行を終え帰ってきた彼は、以前とはまったく違う雰囲気を醸し出していた。カフェデモンクから一人の僧侶が生まれた。皆、そう言って喜んだ。

彼が修行を終えて一年が過ぎた頃、カフェデモンクを支えてくれたオーストラリア直証庵が正式に曹洞宗の寺院として認められた。是松慧海師が晋山式《しんさんしき》をおこなうことになり、私たちの元に案内状が届いた。

父はこの法要に参加することを強く希望していたが、九〇歳の高齢は長い時間の飛行には耐えられない状況だった。私もお寺を離れることができない。

そこで、この若き僧侶にお祝いの品を託すことになったのだ。祝いの品は、「開山堂《かいざんどう》」というヒノキの板に摺りうるしを塗りこめた扁額《へんがく》。

地球の裏側から寄せられた慈悲の募金は私たちを動かし、私たちが動くことによって、被災された人々の物語が少しずつ動き出した。

そして、その只中で仏門への決意を起こした若い僧侶は、輪の始まりであるオーストラリアへと向かう。その輪はゆっくりと被災地を経由し、そして元の始まりに返っていった。そして輪はようやく閉じられ、一円相となった。

奇蹟の島、日本列島

日本は自然の大きな力によって成り立つ奇跡の島。太平洋のプレートはこの島の下に沈み込み、幾度となく地震を起こし、津波が押し寄せた。しかし一方で、造山活動は列島に山岳地帯を生み、南からの湿った風はその山にぶつかり、やがて雲となり雨を降らせた。

その雨は山野を潤し豊かな植物多様性社会を生む。雨は栄養分を充分に含み、川となって海に流れ込む。そして三陸の海は豊穣の海となって、人々の生活を潤したのだ。だから太古以来、地震も津波も、この島の文化の一部なのだ。命の一部なのだ。

灯籠流し、神楽太鼓響き、盆踊りのお囃子とリズム、土くれの地蔵、位牌、一輪の花、ウグイスの鳴き声、山野の風景、そして短歌。風土が危機的状況になった時、その土地の歴史や精神風土に織り込まれた芸能・文化が魂を救済する。

救済のプロセスは、物語となって未来へ織り込まれる。人は物語を作る能力をもっている。これこそがレジリエンス「自己再生能力」なのであろう。

揺れ動く現場からは、常に自己の信仰が問われ続けた。信仰は問いと答えが循環することによって深まっていった。これが臨床における宗教者の姿だった。

自然の大きな働きはあらゆるものを破壊し、多くの命を奪った。しかし、海は破壊と同時に再生が始まっていたのだ。破壊と再生は表裏一体。破壊と再生のことわりを見逃し、慟哭する自己。しかし、人は二つの相矛盾する心によって前進する力を得る。矛盾は自己の中に共存し、活動の動機になるのだ。切に他を想う自分と逃げ出したくなる自分、それはそのまま「人間の真実の姿」なのだ。その中心軸にある智慧。それは大地と宇宙を貫く力。はるか宇宙の彼方からの視線。それはしなやかに揺れ動き、相矛盾する心を結合させる。

やがて人々は、苦しんだ果てに絞り出された珠玉の言葉を、それぞれの未来への物語に織り込みながら歩み始める。

荘厳浄土《しょうごんじょうど》。浄土とははるか彼方にあるのではない。「地震・津波」、「破壊と再生」。悲しみを背負った者同士、そして、その悲しみに共感する人々が、共に未来への物語を創造していく場所。そのような「出来事」が立ち上がる「場」こそ浄土なのだ。

そして、自然は宗教を試し続け、人々の苦悩は宗教者を成熟させる。宗教者には嵐がよく似合うのだ。そして嵐はいつも、そして、どこにでも吹き荒れている。

そしてその後——あとがきに代えて

父の死

私は今、栗原中央病院四階の一室にいて最後の言葉をしたためている。静寂な病室には父の微かな呼吸音と医療用機械の音が響く。時折キーボードを叩く指を止め、その音に耳を澄ませる。呼吸は生命の源。しかし、もはやその呼吸は父が意識的にしているのではない。超人称の呼吸。宇宙の呼吸。その呼吸に生かされている父。その姿は神々しい輝きを放っていた。

父はこれといった病名はなかったが、次第に飲み込む力が衰え始め、食事を摂取することが困難になっていた。吸痰の苦痛に耐え続ける父。点滴による水分補給。水分は父の体に残っている栄養分を溶かし、命はそれをエネルギーに、生から死への作業を粛々と続けていた。

令和元（二〇一九）年五月、オーストラリアの禅道場から父に届いた案内状。しかし高齢と体調不安ゆえに、参加することを見合わせた。その頃から、父の命は少しずつ衰え始め、緩やかな下降線をたどり始めていた。そして令和二年三月、巷では新型コロナウイルス感染症が蔓延し始めた頃、雲の隙間から着陸する空港が見え始め、六月が過ぎた頃からは、着陸する空港から誘導電波が発信される。九三年間、飛び続けた飛行機は超低空飛行に入り、いよいよ最終着陸態勢に入っていった。

令和二年七月三〇日、その時が来る。早朝から血圧の低下と呼吸の乱れが顕著になる。新型コロナウイルス感染症蔓延の下だったが、幸いにも家族全員が病室に入ることが許された。父の意識は最後まで明瞭だった。「お父さん、死ぬことは怖くないですか」と耳元で尋ねると、すでに言葉を発することができなくなっていた父は、右掌を左右に振って怖くないという意思表示をした。

仕事のために、いったんお寺に帰る。応接間で接客をしていると突然、玄関のチャイムがけたたましく鳴り出した。玄関に出ると、そこに人はいない。チャイムは断続的に鳴り続けていた。とうとうチャイムを分解して配線を切断。やっと静かになったその時、ナースセンターから電話が入る。

父の呼吸と脈拍が微弱になったとの知らせだ。急ぎ病院へと駆けつける。しかし病室に入った時には、すでに出る息も入る息も止み、あちらの世界へと静かに着陸していた。苦痛に耐え続けた死顔は凛としていながらも、満たされた表情をしていた。

「生也全機現《しょうやぜんきげん》　死也全機現」。父は残された者に数えきれない物語を残して、忽然と去っていった。禅僧の見事な死にざまだった。

少年との約束

東日本大震災から、間もなく一〇年を経ようとしている。久しぶりに、三陸の海岸に車を走らせる。

震災以来、避難所や仮設住宅、そして復興住宅での活動に集中し、津波で被害が大きかった地域をゆっくりと巡回することができなかった。真新しいコンクリートで作られた防潮堤。高台に造成された住宅地。マンションのような復興住宅。そして、海岸近くの居住困難地域には、復興祈念公園が次々に作られている。町はゆっくりではあるが、確実に復興を続けていた。

そのようななかで、女川原子力発電所二号機の再稼働に対して、女川町や石巻市が相次いで同意。それに続いて、宮城県議会が同意した。被災地にある原発の再稼働が、ほぼ確実な流れになってきている。それと機を同じくして、政府は福島第一原発で増え続ける汚染処理水を、海洋放出する方向で強引に終結させる構えだ。

「フクシマからの問い」、それは単に原子力発電への賛否ではなく、私たちの文明のありさまへの問いだったはずである。逃げまどう人々。次々に白煙を上げて爆発した原発建屋。汚染された大地。故郷を追われた人々。消滅する歴史と伝統。原発事故はいまだに、とてつもない影響を広範囲に与え続けていることを忘れてはいけない。

私には浜の仮設住宅で出会った少年との約束がある。船と網を津波で流されながらも、「都会はたくさんのものを奪い、海はタダでたくさんのモノを与えてくれる」と、漁師になる夢を語ってくれた少年。

私たちは「勇気」をもって、原発が未完成で危うい技術であることを認めなければならない。そして、「品格と良識」をもって「フクシマ」から突き付けられた問いに、向き合い続けなければならない。そういう問いを背負いながら、生と死のはざまを歩き続けるのが私たちの責務なのだ。

金田諦應

二〇二〇年一一月

著者略歴◎金田諦應（かねた　たいおう）
1956年、宮城県栗原市生まれ。駒澤大学仏教学部卒業。同大学院修士課程修了。曹洞宗・通大寺住職。傾聴移動喫茶「カフェ・デ・モンク」主宰。日本臨床宗教師会副会長。日本スピリチュアルケア学会会員。著書に、『傾聴のコツ――話を「否定せず、遮らず、拒まず」』（三笠書房）。

東日本大震災――3・11 生と死のはざまで

二〇二一年一月二五日　第一刷発行

著　者　金田諦應
発行者　神田　明
発行所　株式会社　春秋社
東京都千代田区外神田二―一八―六（〒一〇一―〇〇二一）
電話〇三―三二五五―九六一一　振替〇〇一八〇―六―二四八六一
https://www.shunjusha.co.jp/
印刷所　萩原印刷株式会社
装　丁　美柑和俊
定価はカバー等に表示してあります。
2021©Kaneta Taiou ISBN978-4-393-49538-4

宗教者災害支援連絡会 編

災害支援ハンドブック

宗教者の実践とその協働

頻発する地震や自然災害――。東日本大震災の支援活動に携わった宗教者と研究者が直面した問題点とその解決方法を今後の災害に備えてまとめたハンドブックの決定版。

二〇〇〇円

田端健人

学校を災害が襲うとき

教師たちの3・11

それは6時間目だった。早朝におきた阪神大震災では経験されなかった学校災害。そのとき〝先生〟だった10人は、子供の前でどう生きたのか。「先生とは何か」を問いかける。

一八〇〇円

日野原重明 編著

19歳の君へ

人が生き、死ぬということ

ホスピス緩和ケアの先駆者たちが、教養課程の大学生に〈いのち〉を語る連続講義。目の前のたった一つの命を慈しむために全力を注ぐ医療者の姿は、若者の心をどう変えたか。

一七〇〇円

塩沼亮潤×横田南嶺

今ここをどう生きるか

仏教と出会う

コロナの時代をこえてどう生きるか。禅と千日回峰行の二人の仏教者が徹底対論。今この世界をどう生きて死ぬか。そして仏教のちからとは。今を生きる我らに示唆豊かに語る。

一五〇〇円

V・E・フランクル／山田邦男・松田美佳 訳

それでも人生にイエスと言う

ナチスによる強制収容所の体験として全世界に衝撃を与えた『夜と霧』の著者が、その体験と思索を踏まえてすべての悩める人に「人生を肯定する」ことを訴えた感動の講演集。

一七〇〇円

▼価格は税別。